Loneliness Misery

Unni Wenche Lindberg

Translated by:
Abbas Shokri

2015

زوال تنهایی

درآمدی بر
برآمد تجاوز جنسی خانگی علیه کودکان؛ دختر و پسر

نویسنده:
یونی ونکه لیندبرگ

برگردان:
عباس شکری

۱۳۹۴

زوال تنهایی
درآمدی بر برآمد تجاوز جنسی خانگی علیه کودکان؛ دختر و پسر

نویسنده: یونی ونکه لیندبرگ
برگردان: عباس شکری
طرح‌ها: بودیل

چاپ اول: اچ‌انداس مدیا، لندن، ۱۳۹۴
طرح جلد: بودیل
صفحه بندی: اچ‌انداس مدیا

شابک ۹۷۸۱۷۸۰۸۳۴۴۷۱

برگـردان ایـن کتـاب بـا حمایـت کانـون نویسندگان و مترجمهـای ادبیـات غیرداستانی
«Non-Fiction Writers and Translators Organisation» در نـروژ ممکـن شـده
است.

پیش‌گفتار مترجم

برآیند تجاوز جنسی

شناسایی وجه‌های گوناگون و ویژگی‌های عوارض جانبی تجاوز جنسی از سایر نشانه‌هایی که به دلیل دیگری کودک را آزار می‌دهد، کاری است بس دشوار. کودکان به‌ویژه زمانی که قربانی تجاوز جنسی می‌شوند، آسیب‌پذیرتر هستند. چراکه تجربه‌های دوران کودکی مبنایی می‌شود برای خودشناسی خویش در آینده. کودکانی که مورد آزار تجاوز جنسی بوده‌اند، در ذهن خود تصویری مبهم و پیچیده دارند که به‌راحتی نمی‌شود از نشانه‌های رویدادهای دیگری که به‌احتمال او و در معرض آن بوده و رنجش را موجب شده، جدایشان کرد. در چنین حالتی برای کودک هم آسان نیست که پیرامون خود را دریابد و با مردم در ارتباط باشد. به‌این‌ترتیب، عوارض جانبی تجاوز جنسی به کودکان می‌تواند فراتر از تجربه‌های منفی او و در نوجوانی باشد که شوربختانه پیامد آن تا بزرگ‌سالی هم دست از دامن او بر نخواهد داشت. اثرهای کوتاه‌مدت همراه است با نشانه‌ها و دشواری‌های رفتاری که طی دو سال بعد از آخرین تجاوز جنسی نمایان می‌شود. عوارض بلندمدت این کنش زشت هم تنها با مطالعه‌ی شرایط و موقعیت بزرگ‌سال‌هایی که در کودکی قربانی تجاوز جنسی بوده‌اند، امکان‌پذیر است.

با این حساب، چنین می‌نماید که تشخیص و جدا کردن تأثیر منفی کوتاه‌مدت از تأثیر منفی بلندمدت که ناشی از تجاوز جنسی علیه کودکان می‌باشد، دشوار است. نه‌تنها جدا کردن این تأثیرها آسان نیست که جدا کردنشان از نشانه‌های دیگری که پیامد آزارهای دیگر و دردهایی که کودک در معرض آن قرار داشته، مشکل هست. رفتارهای نگران‌کننده جنسی، وجه رفتاری است که به‌طورمعمول ارجاع داده می‌شود به برآیند تجاوز جنسی در دوران کودکی. انواع تجاوز جنسی علیه کودکان (دختر و پسر) وجود دارد.

آنچه نیاز مبرم است؛ گوش دادن به حرف‌های کودک، برداشت‌ها و درک او از واقعه می‌باشد. اگر چنین شود، امکان توضیح نشانه‌های گوناگونی که کودک بعد از تجاوز به زبان می‌آورد، به وجود می‌آید. در ضمن، برای درک عواقب ناشی از تجاوز جنسی ارزیابی دموگرافیک و عامل‌های فرهنگی نیز ضرورت دارد.

بنابراین برای شناخت و ارزیابی درست از تجاوز جنسی ازیک‌طرف و بنا نهادن پایه‌های اساسی برای درک تأثیر کوتاه و بلندمدت این کنش پلشت از سوی دیگر، شناخت سه وجه زیر ضرورت دارد:

- شناخت شرایط و موقعیت کودک؛ جنسیت کودک، سن او، زمان شروع و پایان تجاوز جنسی و درنهایت این‌که کودک رابطه نزدیک خویشاوندی با متجاوز دارد یا نه.

- شناخت جنبه‌های تجاوز؛ تجاوز چه مدت ادامه داشته است، کودک به‌زور وادار به پذیرش تجاوز جنسی شده، درک آسیب‌های روحی و فیزیکی کودک و سرانجام این‌که تجاوز در ذهن کودک ترسناک برداشت شده یا دردآور.

● رابطه درون خانواده؛ آیا کودک مورد حمایت خانواده بوده، پس از افشای تجاوز، به گفته‌های کودک گوش‌داده شده و او را باور کرده‌اند؟

اگر کسی در دوران کودکی (زیر هفت سال) از سوی پدر، مادر یا یکی از نزدیکانی که ارتباط کودک به خاطر اعتماد خانواده به او بوده، در معرض خطر تجاوز جنسی بوده باشد، مبنایی است برای این‌که گمان کنیم آسیب‌های جدی به کودک وارد شده است. پژوهش‌های بین‌المللی نشان می‌دهد که دخترها بیشتر در معرض خطر تجاوز جنسی می‌باشند. نشانه‌های تأثیر گذاری این آسیب‌ها در کوتاه‌مدت؛ ترس، اضطراب و بی‌قراری، کابوس، عدم تمرکز و توجه لازم و کافی، واکنش‌های غیراجتماعی و منزوی، افسردگی، بی‌اعتمادی به خویش، میل به خودکشی و نارسایی‌های جنسیتی می‌باشد. افزون بر این نشانه‌ها، احساس گناه، سرزنش خود، انزوای اجتماعی، جرم و جنایت، اعتیاد به مواد مخدر و الکل، مسائل جنسی، در معرض تجاوزهای مکرر قرار داشتن، هم نشانه‌هایی هستند که برای بلندمدت در نظر گرفته می‌شوند.

پژوهش‌های جهانی به این نتیجه رسیده‌اند که نشانه‌ها در مورد تأثیر بلندمدت، تا حدودی به جنسیت هم مربوط می‌شود. ازجمله گفته‌شده که زنان به خاطر کمتر کم‌رو بودنشان، نشانه‌ها را راحت‌تر بروز می‌دهند. البته این به معنای دست کم گرفتن تجاوز علیه پسرها نیست. کارشناسان امور جنسیتی و تجاوز جنسی می‌گویند: دخترها رفتارهای درونی خویش را با نشان دادن نشانه‌های افسردگی، بی‌قراری، میل به خودکشی و اضطراب، بروز می‌دهند. این در حالی است که پسرها رفتارهای ظاهری و بیرونی خویش را با پرخاشگری، خشونت و اعتیاد بروز می‌دهند.

در پژوهشی دیگر، آمده است که بیشتر کودکانی که مورد تجاوز جنسی واقع شده‌اند، در بازگویی تجربه‌ی تلخ خویش، به هیچ‌یک از نشانه‌های یادشده، به‌عنوان تأثیر کوتاه یا بلندمدت، تجاوز اشاره نکرده‌اند. دلیل آن‌هم ناآگاهی آن‌ها از این نشانه‌ها به‌عنوان پیامد رنجی است که بر دوش دارند بی‌آنکه از آن سخن برانند.

شناخت عامل‌هایی که از چنین مقاومت‌هایی پشتیبانی می‌کنند، برای یافتن و درک تأثیر آسیب‌هایی که پیامد تجاوز جنسی هستند، اهمیت دارد. در این رابطه فردریش یکی از پژوهشگران دانشگاه فرانکفورت توضیح می‌دهد که هماهنگی بین کودک و محیط پیرامونش چگونه بر رفتارهای او تأثیر می‌گذارد و این تأثیر چگونه در دوره‌های مختلف، متفاوت هست. در این معنا، به‌طورکلی محیط رشد و نمو کودک در شرایط تحول او نقش بسزایی دارد. او هم‌چنین اشاره می‌کند که رشد عمومی کودک، دوران بلوغ و سایر تجربه‌های زندگی، چگونه بر تسلط یافتن کودک بر تجربه‌هایش نقش بازی می‌کنند. افزون بر این‌ها، روابط خانوادگی مانند کارکرد خانواده در واکنش به پیش‌آمدهای روزانه که اضطراب و بی‌قراری بخشی از آن است، شبکه ارتباطی مانند دوستان، مدرسه و خویشان، عامل‌های مهمی در چگونگی رشد و پرورش کودک هستند.

چنانچه پیش از این هم آمد؛ کودکان به‌ویژه زمانی که قربانی تجاوز جنسی می‌شوند، آسیب‌پذیرتر هستند. چراکه تجربه‌های دوران کودکی مبنایی می‌شود برای خودشناسی خویش در آینده. کودکانی که مورد آزار تجاوز جنسی بوده‌اند، در ذهن خود تصویری مبهم و پیچیده دارند که به‌راحتی نمی‌شود از نشانه‌های رویدادهای دیگری که به‌احتمال او در معرض آن بوده و رنجش را موجب شده، جدایشان کرد؛ بنابراین مهم است

که با توجه به نظارت و شواهد نشانه‌های ساده، نتیجه کلی و جمع‌بندی عمومی ارائه نکنیم؛ یعنی باید اطلاعات کافی در مورد شرایط رشد کودک داشته باشیم تا بتوانیم تفاوت‌های اساسی بین وجه‌های معمولی و غیرمعمول را تشخیص داده و از هم جدا کنیم. اگر چنین باشد، شناخت کودکانی که در خطر تجاوز جنسی هستند راحت‌تر است و پیرامونیان او با توجه به شناخت خویش می‌توانند با توجه بیشتر، نگرانی خود را نشان دهند و او را از خطر برهانند.

بنابراین برای آن‌که شرایط پیرامونی و زیست‌محیطی کودک را بشناسیم، برای آن‌که چرایی پنهان‌کاری در افشای تجاوز جنسی خانگی را دریابیم، برای آن‌که درون و بیرون کودکی که قربانی تجاوز یا تجاوز خانگی بوده است را بهتر بشناسیم، از نهاد خانواده شروع می‌کنیم تا به نظر کارشناسان برسیم و تجربه‌های تلخی که دختران و پسران (در این جستار تنها دخترها از تجربه‌ی خود سخن گفته‌اند) داشته‌اند:

خانواده یکی از مکان‌هایی است که همه افراد بشر در اهمیت آن اتفاق‌نظر دارند. خانواده حامی کودکان و امن‌ترین مکان برای آن‌هاست؛ امّا درعین‌حال در سال‌های اخیر پدیده خشونت جنسی و تجاوز به کودکان در خانواده به‌صورت صعودی رشد کرده. این امر بسیار نگران‌کننده، نیازمند بررسی و کاوش درخور توجه هست.

اولین چیزی که درباره خانواده به ذهن می‌رسد، پرسش ماهیت خانواده است؛ بنابراین، نخست باید مفهوم خانواده تعریف شود:

گروهی از افراد دارای پیوند سببی یا نسبی که با یکدیگر زندگی می‌کنند، مانند یک زن و شوهر، همراه با فرزندان یا بدون آن‌ها، یا پدر و مادری منفرد به‌ضمیمه کودکان خود.

بر اساس تعریف گیدنز: خانواده گروهی از افراد است که با ارتباطات خویشاوندی مستقیماً پیوند یافته‌اند و اعضای بزرگ‌سال مسئولیت مراقبت از کودکان را به عهده دارند.

خشونت جنسی در خانواده

در بین تمامی نهادهای اجتماعی، خانواده نقش و اهمیتی خاص و بسزا دارد. تمامی آنان که در باب سازمان جامعه اندیشیده‌اند، بر خانواده و اهمیت حیاتی آن برای جامعه تأکید ورزیده‌اند. به‌درستی هیچ جامعه‌ای چنانچه از خانواده‌هایی سالم برخوردار نباشد، نمی‌تواند ادعای سلامت کند. خانواده کانون تربیت و پرورش اخلاقی، روحی و روانی کودکان هست. در این معنا، خانواده بزرگ‌ترین حامی کودک و تأمین‌کننده آرامش و امنیت روحی ـ روانی اوست؛ امّا درعین‌حال خانواده تنها زمانی می‌تواند کارکرد خودش را به‌درستی انجام دهد که سالم باشد. اگر خانواده به مکان ناامنی برای کودکان تبدیل شود آن‌وقت می‌توان تصور کرد که جامعه چه وضعیت نابسامانی خواهد داشت.

یکی از عواملی که امنیت و سلامت خانواده را در معرض نابودی قرار می‌دهد، خشونت و تجاوز جنسی به کودکان است. مراد از خشونت جنسی در خانواده: تجاوز به کودک و زنای با محارم است.

تجاوز جنسی به‌طور عام و تجاوز جنسی خانگی به‌طور خاص، موضوعی نیست که مربوط باشد به این یا آن کشور. اگرچه میزان باز بودن جامعه برای بازگویی این آسیب اجتماعی در کنار فرهنگ و آیین هر جامعه‌ای در روشن و آشکار شدن آن مؤثر است، اما کشور غربی یا شرقی بودن هیچ نقشی در انجام این کنش زشت ندارد. در این جستار به این خاطر که

خواننده‌ی این کتاب، فارسی‌زبان‌ها هستند، توجه بیشتر به ایران و جامعه‌های مانند آن خواهد بود؛ بنابراین بر بروز این پلشتی در ایران تمرکز می‌شود تا با توجه به هشدارهای کارشناسان و باورهای دینی و نگاه فرهنگی به این موضوع بتوان شباهت‌ها و تفاوت‌های تجاوز جنسی خانگی در دو سوی شرق و غرب دنیا را نشان داد. به‌این‌ترتیب، خواننده می‌تواند دریافتی ژرف‌تر از پدیده‌ی تجاوز خانگی که موضوع این کتاب است، داشته باشد.

به قول ماهرخ غلامحسین پور؛ فرقی ندارد کجای دنیا هستی، می‌توانی هر جای این جغرافیای مدور باشی و کسی که انتظار داری، پاسدار حریم‌ات باشد، خانه امن‌ات را گورستانت کند. نگذارد کودکی کنی و ریشه‌ات را بخشکاند؛ و فردایش بنویسند «یک کارمند اداره کل بازنشستگی کشور نیمه‌شب دختر ۹ ساله‌اش زهرا را در آغوش گرفت، او را به زیرزمین خانه‌اش برد، به او آب داد و بعدها در اعترافاتش گفت که به دختر خودش تجاوز کرده و با چاقوی میوه‌خوری سر دخترک را بریده است و هنگامی که مشغول دفن بدن نحیف دخترک در همان زیرزمین بود، همسرش سررسید».

شاید هم تیتر بزنند: «رسوایی تاجر انگلیسی که از دو دخترش هفت فرزند دارد» یا قصه جوزف فریتزل اتریشی را بخوانی و از خودت بپرسی چطور می‌شود ۲۴ سال در همان خانه‌ای که زنت، همسر قانونی‌ات و مادر دخترت زندگی می‌کند، دخترت را توی زیرزمین محبوس کنی. در یک دخمه تاریک بی پنجره و رنگ آفتاب و مهتاب را نبیند و هفت بار زایمان کند. فرزندانتان به زبان نیمه وحشی با صداهای نامفهوم حرف بزنند؟

یا حتی دیگری، شیطان خویی را به حدی برساند که ۴۱ سال به دو دختر عقب‌مانده ذهنی‌اش در انزوای کامل تجاوز

کنـد، مـادر هـم علی‌رغـم اطـلاع از ایـن راز ۴۱ سـال از تـرس سـکوت کنـد. راسـتی ایـن زن- مـادر- بابـت ایـن سـکوتش از چـه ترسـیده؟ از مـرگ؟ مرگـی کـه آنجـا پشـت پلک‌هـای آن دو دختـر عقب‌مانـده هـرروز سر برمی‌داشته و سلامشان می‌کرده تا شب؟ نه یک روز یا یک ماه یا یک سال، بلکه ۴۱ سال؟

فکـر نکنیـد ایـن قصه‌هـا فقـط آن‌سـوی مرزهـا اتفـاق می‌افتـد. این‌سـوی مـرز هـم بیـداد می‌کنـد. بـا ایـن تفـاوت کـه این‌سـوی مـرز حـق نـداری در موردش بنویسـی. حـق نـداری افشـایش کنـی، چـون به‌هرحـال مـا یـک جامعـه منـزه داریـم. نبایـد چهـره عمومـی آن را آلـوده کنیـم.

متأسفانه هیـچ نهـاد یـا مرجعـی تاکنـون دربـاره تجـاوز خانگـی در ایـران آمـاری ارائـه نکـرده اسـت. به‌طورکلـی در مـورد تجـاوز خانگـی بـا فقـر شـدید منابـع مواجـه هسـتیم. قربانیـان تجـاوز خانگـی بیـش از قربانیـان دیگـر، متمایـل بـه پنهان‌کاری هسـتند چراکـه بـا بـروز چنیـن آسـیبی مـورد قضـاوت قرارگرفتـه و چه‌بسـا نتواننـد عـدم رضایتشـان بـه رابطـه جنسـی را اثبـات کننـد و بـا مجـازات سنگسـار یـا اعـدام مواجـه شـوند.

مطابـق مـاده هشـتاد و دوم قانـون مجـازات اسـلامی، مجـازات زنـای بـا محـارم نسـبی اعـدام و در صـورت تمایـل و آگاهـی طـرف مقابـل، سنگسـار اسـت.

قربانیـان تجـاوز خانگـی همیشـه از بـه هـم ریختـن روابـط خانوادگـی یـا از دسـت دادن یکـی از افـراد خانـواده بیمنـاک هسـتند. قضـاوت در مـورد باکرگـی آنـان هراسانشـان می‌کنـد. آنـان کـه غالبـاً بـرای ایجـاد چنیـن رابطـه‌ای بـه مـرگ تهدیـد شـده‌اند، بـه ایـن دلیـل سـکوت می‌کننـد کـه نقـص قوانیـن، حتـی در صـورت اثبـات بی‌گناهی‌شـان، باعـث شـود مـورد حمایـت جامعـه قـرار نگرفتـه و منـزوی شـوند.

تنهـا آمـار موجـود در ایـن رابطـه در روزنامـه رسالت، سـال ۱۳۹۰ بـه نقـل از رئیـس انجمـن آسیب‌هـای اجتماعـی منتشـر شـد کـه اظهـار کـرده بـود ۱۲۰۰ پرونـده در مـورد تجـاوز بـرادر بـه خواهـر و ۴۰۰۰ پرونـده در ارتبـاط بـا تجـاوز پـدر بـه دختـر تاکنـون در مراجـع قضایـی تشـکیل شـده اسـت.

بدیهـی اسـت کـه به‌یقیـن می‌تـوان گفـت ایـن آمـار به‌هیچ‌وجـه واقعـی و دقیـق نیسـت. چـون کارشناسـان بـر ایـن باورنـد کـه بـه علت عقده‌هـای فروخـورده جنسـی و محدودیت‌هـای شـدید اجتماعـی، درصـد بـروز ایـن آسیب اجتماعـی بسـیار بیشـتر از ۵۲۰۰ مـورد اسـت. پژوهـش در مـورد معضـلات اجتماعـی و اعـلام آمارهـای مربـوط بـه ایـن مسـائل در برخـی از کشـورها در محـدوده خـط قرمـز قـرار می‌گیرنـد. به‌عبارت‌دیگـر برخـی حکومت‌هـا، اعـلام آمـار بـالای اعتیـاد یـا تجـاوز را بـه معنـای پذیـرش ناکارآمـدی خـود می‌داننـد و اهمیـت ایـن خطـوط قرمـز بـرای آن‌هـا، بسـیار بیشـتر از سرنوشـت قربانیـان اسـت.

در مـورد ایـران، محسـن مالجـو بـر ایـن باور اسـت کـه بـه دلایل مختلـف، هیـچ آمـار درسـتی دربـاره تجـاوز جنسـی بـه محـارم در ایـران وجـود نـدارد. یـک دلیـل آن، سیاسـت پنهان نگه‌داشـتن آمار آسیب‌هـای اجتماعـی بـا ایـن اسـتدلال اسـت کـه به‌هرحـال مـا در یـک جامعـه اسـلامی زندگـی می‌کنیـم و تقـدس هرچنـد ظاهـری خانـواده نبایـد مخـدوش شـود.

دلیـل مهم‌تـر آن امـا ثبـت سلیقه‌ای، بی‌قاعـده و بـدون آمـوزش مـوارد گزارش‌شـده در نیـروی انتظامـی و قـوه قضائیـه هسـت، به‌طوری‌کـه به‌عنوان‌مثـال، رابطـه مـادر و پسـر یـا پـدر و دختـر یـا خواهـر و بـرادر به‌عنـوان زنـا و رابطـه پـدر بـا پسـر یـا پسـر یـا دایـی بـا خواهـرزاده به‌عنـوان لـواط ثبـت می‌شـود. حـالا در ایـن بی‌قاعدگـی و بی‌نظمـی، واقعـاً دشـوار اسـت کـه بتـوان آمارگیـری کـرد.

در پاسخ به این پرسش که آیا بیشتر قربانیان متعلق به گروه یا طبقه اجتماعی خاصی هستند؟ محسن مالجو می‌گوید: نه، به‌هیچ‌وجه. به‌یقین معتقدم تجاوز جنسی به زنان در خانواده، در تمام طبقات اجتماعی و گروه‌های شغلی می‌تواند امکان‌پذیر باشد، ولی در اینجا هم بین الگوی میزان گزارش دهی و هم الگوی شکلی تجاوز جنسی، تفاوت‌هایی وجود دارد.

مالجو در رابطه با سن تجاوز شدگان می‌گوید: دو الگوی متفاوت در ارتباط با تجاوز جنسی پدر به دختر و برادر به خواهر وجود دارد؛ این‌طور که قربانیانی که از سوی پدرشان مورد تجاوز جنسی قرار می‌گیرند، معمولاً از حدود سنی ۱۰ تا ۱۲ سال و خواهرانی که از سوی برادر خود مورد تجاوز قرار می‌گیرند، از حدود سنی ۱۵ تا ۱۶ سال آزار جنسی‌شان آغاز می‌شود، البته این به معنای قرار گرفتن قربانیان در این محدوده سنی خاص نیست.

من با موردی برخورد کردم که در سن ۳۵ سالگی و پس از ازدواج هم مورد تجاوز پدرش قرار می‌گرفت. بد نیست در مورد فرآیند آزار جنسی هم توضیحی بدهم. تجاوز جنسی توسط پدر، فرآیندی مرحله‌به‌مرحله است. درواقع آزار جنسی اغلب به شکل رفتارهای خفیف، همچون دستمالی بدن و بوسیدن‌های غیرعادی شروع می‌شود و کم‌کم به شکل دستمالی مقعد، آلت تناسلی با دست و یا مالش آلت مردانه در اطراف دستگاه تناسلی زنانه صورت می‌گیرد و در بعضی موارد هم در همین حد باقی می‌ماند، ولی در اکثر مواقع به دلیل سکوت و ترس دختر، معمولاً پدرها جسورتر می‌شوند و آزار جنسی به شکل تجاوز و دخول کامل تغییر شکل پیدا می‌کند که در بیشتر موارد به شکل تجاوز و همراه با دخول کامل است که منتهی به حاملگی می‌شود. بد نیست یکسری مثال بزنم؛ مثلا مینا

می‌گفت: «اوایل شب‌ها که می‌خوابیدیم، مدام دستش را می‌مالید به من. هی خودم را جابه‌جا می‌کردم، اما باز این کار را می‌کرد. پای من را می‌گذاشت اونجاش [منظورش آلت تناسلی‌اش است] و فشار می‌داد. من هم می‌ترسیدم که بخواهم حرفی بزنم».

شقایق می‌گفت: «آزار جنسی من وقتی ۱۳-۱۲ سالم بود شروع شد. اوایل در حد کمی بود. وقتی در خانه تنها بودیم و کسی نبود، می‌گفت بنشین کنار من. بعد نوازشم می‌کرد. موهایم را شانه می‌کرد. مرا می‌بوسید و یک‌دفعه مهربان می‌شد، یا از من می‌خواست کنارش دراز بکشم و بدنم را دست می‌مالید. اوایل فکر می‌کردم برای محبت است. خیلی اذیت می‌شدم، اما برایم دیگر عادی شده بود و ترسم ریخته بود، ولی کم‌کم جاهای خاصی از بدنم را لمس می‌کرد و پس از مدتی شدت کارهایش بیشتر شد و از پشت با من رابطه برقرار می‌کرد. شب‌ها موقع خواب خیلی اذیت می‌شدم، واقعا وحشتناک بود».

پریسا می‌گفت: «آزار جنسی من از حدود سن ۱۲ سالگی بود. همه در اتاق می‌خوابیدیم. آن موقع برادرم خیلی بچه بود. حواس مادرم به برادرم بود. بعد شب‌ها که می‌خوابیدیم، پدرم دستش را می‌گذاشت و پشتم را می‌مالید. بعد کم‌کم که گذشت، دستش را می‌کرد در شلوارم و پشتم را می‌مالید. من هم از ترسم جیکم درنمی‌آمد. هی بیشتر شد تا جایی که انگشتش را کامل می‌کرد در پشتم. به سینه‌هایم هم دست می‌زد. اولین بار هم که من را از حالت طبیعی خارج کرد، [منظورش ازاله بکارت است] با انگشت این کار را کرد و من هم خیلی گریه کردم.

محسن مالجو، کارشناس ارشد مطالعات زنان و مدرس دانشگاه

در ایـران، در پیونـد بـا سـلامت روانـی کسـانی کـه دسـت بـه تجـاوز خانگـی می‌زننـد، می‌گویـد: اگـر بخواهـم ازنظـر روانـی یکسـری ویژگـی بـرای پدرانـی کـه دخـتر خـود را مـورد تجاوز قـرار می‌دهنـد بگویـم، تحمـل پاییـن در برابر ناکامـی، مشکل در کنتـرل خشـم، مشـکل در توانایـی برقـراری رابطـه عاطفـی بـا اعضـای خانـواده، پرخاشگری کلامـی و جسـمی، سوءمصرف مـواد مخـدر و الـکل، احسـاس اضطـراب بـرای برقـراری رابطـه جنسـی بـا بزرگ‌سـالان و تمایـل بـه رابطـه جنسـی بـا کـودکان اسـت و از همـه مهم‌تر اینکـه خیلـی از آن‌هـا در کودکـی از طـرف پدربـزرگ، صاحب‌کار و یـا پـدر خـود مـورد تجـاوز قرارگرفته‌انـد و درواقـع قربانـی آزارهـای جنسـی بوده‌انـد.

بی‌تردیـد کسـی کـه چنیـن شـاه آسـیب اجتماعـی را بـه وجـود می‌آورد [می‌گویـم شـاه آسـیب اجتماعـی، چـون معتقـدم در بیـن آسیب‌هـای اجتماعـی، تجـاوز جنسـی بـه محـارم بیشـترین پیامـد را بـرای آزاردیـده و همچنیـن بیشـتری همدلـی مردمـی را بـه همـراه خـود دارد]، نمی‌توانـد از سـلامت روانـی برخـوردار باشـد، امـا اشـتباه بزرگـی اسـت اگـر علـت اصلـی ایـن آسـیب را فقـط روانـی ببینیـم، چـون فکـر می‌کنـم تجـاوز جنسـی بـه محـارم، بیـش از آنکـه مسئله‌ای روانـی باشـد، مسئله‌ای اجتماعـی اسـت.

گلنـاز ملـک، کارشـناس حـوزه بیماری‌هـا و اخـتلالات جنسـی و روانشناسـی، کـه هم‌اکنـون در کشـور هنـد به‌صـورت آن‌لایـن، مشـاوره جنسـی می‌دهـد در پاسـخ بـه ایـن پرسـش کـه «تفـاوت اثـرات روانـی و فیزیکـی تجـاوز خانوادگـی در مقایسـه بـا سـایر انـواع تجاوزهـا چیسـت؟» می‌گویـد:

تجربـه تجـاوز یـا هـر شـکلی از آزار جنسـی، بـه شـکل کلامـی، نمایـش اندام‌هـای جنسـی، لمـس بـدن یـا برهنـه کـردن فـرد و مجبور کردنـش بـه لمـس اعضـای جنسـی، ... در محیـط خانـه و از سـوی

اعضـای خانـواده و فامیـل، مشخصـات متفاوتـی بـا سایر انـواع تجاوز دارد کـه باعـث می‌شـود اثـرات روانـی متفاوتـی هـم بـر قربانـی بگـذارد. یکـی از ویژگی‌هـای تجـاوز خانوادگـی، تکرارشـوندگی آزار جنسـی اسـت. کسـانی کـه تجربـه آزار جنسـی خانگـی را دارنـد معمـولا ایـن تجربـه دردنـاک طـی سـال‌های متمـادی برایشـان به‌دفعـات تکـرار شـده اسـت. ایـن افـراد در مقایسـه بـا کسـانی کـه در مـکان عمومـی و از سـوی فـردی غریبـه، آزار را به‌دفعـات محـدود تجربـه می‌کننـد طبعـا آسـیب بیشـتری می‌بیننـد.

تحقیقـات نشـان می‌دهـد کـه تعـداد دفعـات آزاردیدگـی، نسـبت مسـتقیمی بـا میـزان آسـیب ایجـاد شـده در فـرد دارد. بـرای همیـن میـزان آسـیب‌دیدگی جسـمی و روحـی میـان کسـانی کـه تجربـه خشـونت جنسـی خانگـی را در خانـه تجربـه می‌کننـد بیشـتر اسـت. شـاید بپرسـید کـه چـرا غالـب قربانیـان تجـاوز جنسـی خانوادگـی احسـاس ناامنـی و اضطـراب را تجربـه می‌کننـد؟ مسئله اینجاسـت کـه محیـط خانـه در دوران کودکـی تنهـا محیـط امـن فـرد شـناخته می‌شـود و افـراد خانـواده و فامیـل کسـانی هسـتند کـه فـرد بـا آن‌هـا پیوندهـای عاطفـی دارد. تجربـه تجـاوز از سـوی کسـانی کـه قـرار اسـت حامـی و مراقـب فـرد باشـند، آن‌هـم در فضایـی کـه تنهـا مآمـن کـودک بـه شـمار مـی‌رود، بسـیار مخرب‌تـر از تجربـه تجـاوز فـرد غریبـه اسـت. در پاسـخ بـه ایـن پرسـش همـواره کـه چـرا غالـب آزاردیدگان تجاوز خانگـی در ایـن مـورد سـکوت می‌کننـد؟ بـه اعتقـاد کارشناسـان بسـیاری از آنـان تـا مدت‌هـا حتـی نمی‌داننـد کـه مـورد ظلـم قرارگرفتـه و قربانـی ماجرایـی شـده‌اند. تـرس و فلـج شـدن روانـی، احسـاس گنـاه از ایـن کـه «شـاید اگـر لبـاس پوشیده‌تری بـه تـن می‌کـردم» یـا «رفتـار فاصله‌دارتـری در پیـش می‌گرفتـم» ایـن اتفـاق رخ نمی‌داد، اضطـراب از بـه هـم ریختـن اوضـاع واحـوال خانواده در ایـن سـکوت و مـدارا و پرده‌پوشـی مداخلـه دارد.

فرد تجاوز دیده تا مدت‌ها از دست متجاوز خشمگین است و البته بخشی از این خشم را هم متوجه خودش می‌کند از این بابت که نتوانسته به‌درستی از خودش مراقبت کند.

تجاوز جنسی به عضوی از اعضای خانواده ممکن است در اثر بیماری نیز باشد به‌عنوان‌مثال بیماری جنسی «بچه‌بازی» یا میل به رابطه جنسی با کودکان یکی از عوامل تجاوز خانگی پدران به دختران یا رفتارهای نامتعارف آنان با کودکان دختر معرفی شده است.

نازنین که هم‌اکنون ۳۰ ساله و مادر دو فرزند است و از سن ده سالگی مورد تجاوز پدرش قرار می‌گرفته درباره این تجربه تلخ می‌گوید: «اوایل می‌دیدم پدرم به شکل ویژه و افراطی به من توجه دارد و محبت می‌کند. به‌هرحال در خانواده پرجمعیتی مثل ما این مسئله متعارف نبود. بعدها دیدم که وقتی کسی خانه نیست به تن‌ام دست می‌کشد و مرا به شکلی کاملاً غیرطبیعی می‌بوسد. هر بار که به حمام می‌رفتم به یک بهانه به حمام سرک می‌کشد. بعدها وقتی عاقل‌تر شدم متوجه شدم که پدرم هر بار که من می‌خواستم حمام کنم آبگرمکن را دست‌کاری می‌کرده تا بهانه‌ای برای ورود به حمام داشته باشد چون آبگرمکن پشت یک پستو در داخل حمام قرار داشت. من نمی‌دانستم چه اتفاقی دارد می‌افتد؟ می‌ترسیدم و حتی شب‌ها از ترس تا صبح خوابم نمی‌برد از این می‌ترسیدم که مبادا پدرم که مرد خشنی بود، از ترس برملا شدن این رابطه مرا با بالش‌ام خفه کند. به همین دلیل هم این راز را در دلم نگه داشتم و سکوت کردم؛ اما او چند سال بعد وقتی بزرگ‌تر شدم، نه به‌اندازه‌ای بزرگ که زن و بالغ شده باشم، شب‌ها به رختخوابم می‌آمد و با من رابطه مقعدی می‌گرفت. برای من خیلی دردناک بود و تا مدت‌ها از اثرات جسمی این رابطه بیمار و

رنجور بودم و حتی از پارگی شدید مخاط مقعد و خونریزی رنج می‌بردم به حدی که نمی‌توانستم به‌درستی و راحتی بنشینم یا دفع مدفوع کنم ولی جرئت نمی‌کردم با کسی در این مورد حرف بزنم».

یکی از کارشناسان امور زنان در مورد پنهان‌کاری تجاوز جنسی خانگی می‌گوید: «آزاردیدگان جنسی توسط محارم، برای مدت‌زمان زیادی این مسئله را مخفی نگه می‌دارند و درباره آن با کسی صحبت نمی‌کنند. مخصوصاً وقتی آزارهای جنسی به‌صورت خفیف است، به این معنی که در حد دستمالی کردن باشد، واکنش سکوت بیشتر امکان دارد. سکوت گاهی به دلیل خجالت کشیدن و گاهی هم واکنشی است. کودک تجاوز شده سردرگم است که چه باید کرد؟

مژگان که از دوازده سالگی مورد آزارهای جنسی مکرر پدرش بوده می‌گفت: «بعضی وقت‌ها که می‌دانستم امشب پدرم می‌خواهد اذیتم کند، شب آن‌قدر قرص‌های قوی خواب می‌خوردم تا بی‌حال باشم و چیزی نفهمم یا منگ باشم و کمتر بفهمم. خیلی با من رابطه داشت، خیلی این کار را کرده، شاید صدبار». سپیده هم می‌گفت: «یک‌بار خواب بودم پدرم شب آمد سراغم، به پهلو خوابیده بودم، حالم بد شده بود، اما به روی خودم نیاوردم اصلاً جرئت حرف زدن نداشتم».

گاهی هم سکوت به این دلیل است که آزاردیده امیدی به رهایی و راهی جز قبول کردن آن ندارد، مثلاً عاطفه می‌گفت: «من از همان اول می‌دانستم که کار پدرم بد است، اما هیچ کاری نمی‌توانستم بکنم، از او می‌ترسیدم. وقتی هم که این کارها را می‌کرد، بیشتر از او می‌ترسیدم و اینکه اگر من می‌گفتم نکن، فایده‌ای نداشت، فقط آرزو می‌کردم زودتر کارش تمام شود. وقتی از من می‌خواست، آن‌قدر می‌ترسیدم و

خشک می‌شدم که وقتی کارش تمام می‌شد و من می‌ماندم در حمام و او می‌رفت، انگار نه انگار که چیزی شده است».

شقایق هم می‌گفت: «خیلی وقت‌ها موقع آن کارها خجالت می‌کشیدم. انگار نمی‌توانستم نه بگویم. جرئتش را هم نداشتم، البته فایده‌ای هم نداشت. او کار خودش را می‌کرد.»

گاهی هم سکوت به دلیل تهدیدها و ترس‌هایی است که آزارگر برای آزاردیده ایجاد می‌کند. لیلی ۱۲ ساله می‌گفت: «به پدرم می‌گفتم به مادرم می‌گویم. او هم می‌گفت اگر به کسی بگویی تو را می‌کشم و به همه می‌گویم گم شدی. یا می‌گفت کاری می‌کنم که شبیه میمون بشوی که این کار را هم یک‌بار کرد، چون یک‌بار فهمید که می‌خواهم به مادرم بگویم، با تیغ ابروها و موهایم را تراشید و من خجالت می‌کشیدم که از خانه بیرون بروم. تابستان بود و مدارس هم تعطیل بودند.»

گاهی هم سکوت به این دلیل است که آزاردیده نه‌تنها می‌ترسد که خودش آسیب ببیند، بلکه نگران است که با فاش ساختن این راز، شیرازه زندگی خانوادگی‌اش ازهم‌گسسته شود. درواقع وفاداری به خانواده، نیروی قدرتمندی است که مانع از افشای حقایق در این زمینه می‌شود. مثلاً در مواردی پدر متجاوز، دختر خود را به تهدید به رها کردن خواهر یا برادر و مادر مریض‌اش می‌کند.

از همه مهم‌تر ترس از انگ خوردن در جامعه‌ای که قربانی را مقصر می‌داند، می‌تواند یکی دیگر از دلایل سکوت باشد؛ مخصوصاً در موارد تجاوز جنسی برادر به خواهر، دختر به خاطر ترس از غیرت پدر و صدمه دیدن از جانب خانواده، معمولاً این جریان را با کسی در میان نمی‌گذارد. مثلاً دریکی از موارد، دختری به نام فاطمه که مورد آزار برادرش قرار گرفته بود و

پدری به‌شدت متعصب و ضد دختر داشت، به دلیل ترس از واکنش پدرش، سکوت می‌کرد و فکر می‌کرد اگر به پدرش این مسئله را بگوید، او می‌گوید که حتماً تو خودت کاری کردی که برادرت با تو این کار را بکند.

کانون زنان ایران، در آذرماه سال ۱۳۹۲ گزارش کوتاهی از میزگردی با عنوان بررسی فعالیت‌های سازمان‌های غیردولتی درباره کودک‌آزاری منتشر کرد، که در آن آمده بود: «وقتی مواردی از آزار جنسی پدر به دختر، به‌عنوان نمونه‌های کودک‌آزاری در این میزگرد عنوان شد، با واکنش شرکت‌کنندگان مواجه شد و چهره‌هایشان درهم ریخت.» بر اساس این گزارش نسرین ستوده، وکیل انجمن حمایت از حقوق کودکان در جریان این میزگرد «از دختر ۱۳ ساله‌ای یاد کرد که از پدرش باردار شده بود. دختر از ترس پدر و چاقویی که پدر در کنار رختخواب می‌گذاشت، سکوت می‌کرد.» این وکیل دادگستری نتیجه پرونده پدر متجاوز را چنین توصیف کرده بود: «قرار مجرمی‌ات برای پدر با یک‌میلیون تومان صادر شد و پدربزرگ دختر یعنی پدر مجرم، این وثیقه را برای آزادی پسرش در اختیار دادگاه قرارداد".

در تازه‌ترین مورد، خبرگزاری آفتاب در نیمه اردیبهشت ۱۳۹۳، در گزارشی با عنوان «خانه‌ای که دیگر امن نیست» گزارشی از زندگی هشت دختر ۱۲ تا ۱۸ ساله در یک مرکز نگهداری را منتشر کرد که برخی از این دختران ابتدا مورد تجاوز جنسی محارم خود قرارگرفته و پس‌ازآن وادار به تن‌فروشی شده بودند. طبق ماده هشتاد دوم قانون مجازات اسلامی، زنای با محارم نسبی به هر شکلی مستوجب اعدام است. به گفته برخی مقامات قضایی، حکم چنین موردی بر اساس تحریر الوسیله آیت‌الله خمینی در صورت آگاهی طرفین از آن، سنگسار است. برخی کارشناسان یکی از دلایل گزارش نکردن چنین مواردی

از سوی زنان و دخترانی را که قربانی آن می‌شوند، ترس از عقوبت قضایی می‌دانند. آن‌ها اگرچه ممکن است نخستین بار تحت‌فشار و با اجبار مورد تجاوز قرار گیرند اما در تکرار این ماجرا نمی‌توانند چنین ماجرایی را برای نهاد یا کسی بازگو کنند. چراکه در صورت اثبات آن‌یکی از نزدیکان خود را از دست خواهند داد، و حتا ممکن است خود نیز به اعدام محکوم شوند. در صورت عدم اثبات نیز با تهدید آن عضو خانواده، یا برخی از اطرافیان و البته انزوای اجتماعی مواجه خواهند شد. موقعیتی که در هر دو سوی آن باخت قربانی جنسی حتمی است.

در چنین شرایطی مقامات مسئول به‌شدت از انتشار اخبار مربوط به گسترش زنا با محارم و تجاوز خانگی پیشگیری می‌کنند. آن‌ها نه‌تنها خود آماری دراین‌باره منتشر نمی‌کنند، بلکه از انتشار هرگونه خبر یا گزارشی دراین‌باره هم سخت برآشفته می‌شوند. و شاید به‌این‌علت که مقامات کشور، انتشار اخبار و آمار تجاوزهای خانگی را نشانه‌ای از ناکارآمدی حکومت تلقی می‌کنند. برخی از جامعه‌شناس سرشناس نیز، اگرچه با نیتی دیگر با انتشار چنین اخباری مخالف‌اند. آن‌ها بر این عقیده‌اند که انتشار چنین اخباری می‌تواند به گسترش آن دامن بزند. یک کارشناس رسانه‌ای اما دراین‌باره گفته است که: «بی‌توجهی به این موضوع تا زمانی که شاهد افزایش آن در جامعه هستیم امکان‌پذیر نیست. ما در برخورد با افزایش درصد وقوع این نوع جرایم، درج آن‌ها و آگاهی به خانواده‌ها را ازجمله وظایف خود می‌دانیم.»

ساختار باورهای نادرست و رابطه خانوادگی گاه موجب می‌شود که پدر با دستاویز سرپرست دختر یا پسر بودن، به او تجاوز کند.

درواقع تجاوز جنسی پدر به دختر، به‌ویژه بیشتر در خانواده‌هایی

اتفـاق می‌افتـد کـه دارای انـزوای اجتماعـی هسـتند؛ سـاختاری سـنتی مبتنـی بـر مـرد نان‌آور و زن خانـه‌دار دارنـد؛ میـزان ارتبـاط اعضـای خانـواده و روابـط عاطفـی بیـن آنـان کمترین میـزان اهمیـت را دارد؛ مشـاجره و خشـونت‌های خانگـی میـان والدیـن همیشـه وجـود دارد؛ بـرای تربیـت فرزنـدان هیـچ منطـق و تعادلـی وجـود نـدارد و یـا کامـلاً سـخت‌گیرانه اسـت یـا کامـلاً سـهل‌انگارانه؛ مردسـالاری در ایـن خانواده‌هـا حـرف اول را می‌زنـد و تصمیم‌گیـری در آن کامـلاً یک‌جانبـه و از سـوی پـدر اسـت.

مهم‌تریـن مسـئله امـا حاکمیـت انگاره‌هـای مالکانـه در روابـط میـان پـدر و فرزنـدان در ایـن خانواده‌هاسـت. مثـلاً پـدر بـه دختـرش می‌گویـد: «مـن پـدر تـو هسـتم و می‌توانـم ایـن کار را بـا تـو بکنـم. تـو سـر سـفره مـن غـذا می‌خـوری یـا مـن کـه پدرتـم می‌توانـم ایـن کار را بـا تـو بکنـم، غریبه‌هـا نبایـد ایـن کار را بکننـد».

ایـن خانواده‌هـا ازنظـر سـطح سـواد، سـابقه کیفـری، تعـداد فرزنـدان یـا طـلاق و جدایـی و یـا از همـه مهم‌تـر تعلقـات مذهبـی، می‌تواننـد بسـیار متفـاوت باشـند و در سـطوح متفـاوت شـکل بگیرنـد، همان‌طـور کـه قبـلاً گفتـم در تجـاوز جنسـی بـرادر بـه خواهـر، وضـع کمـی متفـاوت اسـت و ایـن اتفـاق لزومـاً در خانواده‌هـای نابسـامان رخ نمی‌دهـد و بیشـتر در اینجـا بـا مسـئله محرومیـت جنسـی مواجـه هسـتیم.

اکنـون و بـا توجـه بـه آنچـه آمـد، اگـر تمـام موانـع شـکایت قربانیـان تجـاوز جنسـی برطـرف شـود آیـا آگاهـی و قوانیـن لازم بـرای احقـاق حـق قربانیـان وجـود دارد؟

عباس شکری
دسامبر ۲۰۱۴

متن نوشته‌ها

می‌دانی، بهای‌اش چیست؟

یک یا چند بار تجاوز جنسی
شاید
نه از بدترین نوع آن حتا

به چه بهایی؟
ربودن شادی‌های زندگی
احساس آسودگی
و چیستی کودکانه.

به چه بهایی؟
پیمانه‌ی سنجش درخوری
داری تو؟

چهل سال با تنی زیستم که زیست‌گاه رمز و راز نهفته‌ای بود
و کلام یارای بازگوی‌اش نداشت.
امروز می‌دانم که هزینه‌اش چه بوده.

اکنـون بـا الکترودهایـی کـه بـه سـرم وصـل شـده، در صندلـی فرورفتـه‌ام. اینجـا نشسـته‌ام تـا مغـزم را آمـوزش دهـم کـه شایـد بـه جایـگاه آرامـش و سـکون بازگـردد. آزمون‌هـای پیشـرفته نشـان داده‌انـد کـه مغـزم به‌خودی‌خـود بـه خیزاب‌هـای آرامـش وصـل نمی‌شـود. تنـم دیگـر بـا آرامـش بیگانـه شـده و آن را نمی‌شناسـد.

سه‌سـاله بـودم کـه نخسـتین دست‌درازی را تجربـه کـردم. در تمـام دوران کودکـی‌ام، دختـرک ملـوس خانـه بـودم بـا دردی خامـوش و بی‌کلام. هرگـز نمی‌دانسـتم کـه تجـاوز بعـدی کـی رُخ خواهـد داد. بـه هـر دلیلـی در آن روزگار برایـم پنهـان کـردن و انکار تجـاوز منطقـی می‌نمـود.

کارشناسـان می‌گوینـد: «عـادت بـه پاسـخ‌گویی بـه زنـگ خطـر، آن هـم در درازمـدت الگویـی اسـت بافتـه شـده در شـخصیت اکنـون مـن». شـب و روز، سـال از پـس سـال، مراقب بـودن و گـوش بـه زنـگ بـودن، انـرژی را می‌کاهـد و انسـان را اسـیر سـیاهی می‌کنـد. سیسـتم فکـری‌ام در تـلاش بـوده کـه الگـوی قدیمـی دفاعـی را حفـظ کنـد و ادامـه دهـد. سیسـتم دفاعـی کـه گاه بـرای گریـز از سـیاهی بـه کار بـرده بـودم. امـروز، اراده‌ام ایـن اسـت کـه از شـر ایـن آمـوزه رهـا شـوم. بایـد دسـتگاه فکـری‌ام را وادارم تـا تاکتیـک و اسـتراتژی‌های جدیـدی را بیامـوزد.

رنـج بخشـی از زندگـی روزانـه‌ی مـن بـوده اسـت. نمی‌دانسـتم چرا. چیـزی یادم نمی‌آمـد. چهـل سـاله بـودم کـه بـه آرامـی، گذشـته را بـه یـاد آوردم و چـون آینـه‌ی دق، برابـرم نمایـان شـد. اینـک، می‌دانـم کـه چـه رُخ داده اسـت و می‌فهمـم کـه چـرا تنـم واکنشـی دارد کـه ماننـد دیگـران نیسـت.

در رشـته آمـوزش پیـش از دبسـتان تحصیـل کـردم و مدت‌هاسـت کـه بـا کـودکان کار می‌کنـم. در دهـه‌ی هفتـاد، هنـوز تجـاوز بـه نزدیـکان بخشـی از درس‌هـای آمـوزش پیـش از دبسـتان نبـود. هنگامـی

که وارد کار عملی شدم، این کنش پلشت و زشت را دریافتم و انگار حس‌اش کردم. اما شوربختانه دستگاه امور مهدکودک، و نهادهای دیگر آگاهی کمی از این موضوع داشتند.

سال‌ها بعد از اولین برخورد من با کودکی تجاوز شده و در خود فرورفته، یک دوره‌ی آموزشی با عنوان تجاوز جنسی برگزار شد. اکنون، حقیقتی بر ملا می‌شد که امکان آرایش و پنهان ساختن خویش را نداشت. آنچه آن هنگام مرا به حیرت و شگفتی واداشت، ادراک این بود که دندان‌پزشک‌های کودکان که در مدرسه کار می‌کنند و از سه سالگی هم با آنها در ارتباط هستند، اغلب اولین کسانی‌اند که نشانه‌های تجاوز را مشاهده می‌کنند. اینان شاهد کودکانی‌اند که رنجی خاموش را چون رازی سر به مُهر بر دوش‌های کوچک‌شان حمل می‌کنند. با این آگاهی، حس کردم که ناآرامی به سراغم آمده. اما این که همین واکنش می‌توانست سرآغاز طنینی باشد در زندگی من، آن روز برایم آشکار نبود. در نگاه به گذشته و خودشناسی‌ام بود که دریافتم باید مُهر سکوت را بشکنم و لب به سخن بگشایم. روان‌شناس همه‌ی گونه‌ها و روش‌های گروهی و فردی را به خوبی می‌شناخت. با شرکت در همین جلسه‌ها بود که آنچه سال‌های زیادی حتا از خودم هم دور مانده بود را بازشناختم و برای درمان آن به دنبال چاره‌جویی بودم. اما، همواره این پرسش در برابر من هست که آیا ممکن است رنج و زخم کهنه‌ای که سال‌ها در تن و جان خانه کرده را با شادی و خوشی جا به‌جا کرد؟ بعد از ده سال درمان، سرانجام آماده شدم که در مرکز حمایت از کسانی که مورد آزار جنسی قرار گرفته‌اند، کار کنم. تحصیل و دوره‌های عملی در کنار تجربه‌های شخصی‌ام، مرا کمک کرد تا همانی بشوم که مرکز نیاز داشت. در اینجا کودکانی را دیدار کردم که از سیاست جایگزینی به عنوان

تاکتیک ادامه زندگی، استفاده کرده بودند.

برای برخی از کودکان، تجاوز جنسی از هنگامی آغاز می‌شود که هنوز زبان باز نکرده‌اند. آن‌گاه که کودک زبان به سخن گفتن می‌گشاید هم واژه‌ای برای رفتار زشتی که در معرض آن قرار داشته، نمی‌یابد.

هنگامی که ـ در نوجوانی، جوانی یا حتا سالمندی ـ رنج و درد پنهان، آشکار می‌شود و از جهان درون به دنیای بیرون راه می‌یابد، وظیفه‌ی بسیار دشواری است که برای آنچه بی‌کلام بوده و تن می‌زند به ترس و هراس یا گناه و شرم، کلامی مناسب یافت.

چه کار دیگری می‌توانستم بکنم تا از رازهای پُر درد خویش پرده بردارم؟

فکر کن که اگر نهادهای گوناگون هنگامی که هنوز من کودکی بیش نبودم، واکنش به موقع نشان داده بودند و برای حل مشکل چاره‌ای اندیشیده بودند؛

فکر کن که اگر دکتر متخصص کودکان با توجه به نشانه‌های قابل توجه، برای کودک سه ساله بررسی‌های دقیق‌تری انجام می‌داد؛

فکر کن که اگر دختر سیزده ساله با چیز دیگری غیر از قرص‌های تنفسی و کشش عضلانی مواجه می‌شد.

فکر کن اگر مدرسه نظارت‌های بیشتری بر رفتار کودکان داشت؛

فکر کن که اگر دندان پزشک مدرسه یا پرستاری که در مدرسه کار می‌کرد، با توجه به روحیه من، پرسش‌های لازم را طرح کرده بودند؛

اگر چنین شده بود، امروز کودک آن روز چه وضعیتی داشت؟

اگر نهادهای دولتی مسئولیت‌پذیر بودند و نگرانی‌های خود را به

موقع گـزارش می‌کردنـد، امـروز آن کـودک رنج کمتـری داشـت؟ اکنـون بـا صـدای بلنـد در مـورد تجاوز جنسـی بـا نزدیکان صحبت می‌شـود. جامعـه بـه خوبـی می‌دانـد کـه پلشـتی وجـود دارد. امـا آیـا زنـان و مـردان عـادی می‌تواننـد تصـور کننـد کـه پیامـد چنین کـرداری چیسـت؟ مـردم آیـا درک می‌کننـد کـه در بلندمـدت چه بـار سـنگینی بـر دوش‌هـای کودکـی کـه در معـرض تجـاوز جنسـی از سـوی خویشـان خـود بـوده، نهـاده می‌شـود؟

دسـتگاه‌های حمایتی چـه نقشـی دارنـد؟ پرسـنل بخـش بهداشت و سـلامت در برخـورد بـا چنیـن کودکانـی آیـا از آگاهـی لازم برخـوردار هسـتند؟ نیروهـای تخصصـی ماننـد پرسـتار و پزشـک و مـددکار اجتماعـی، آیـا در دوران تحصیـل، آموزش‌هـای کافـی را در مـورد برخـورد بـا ایـن کـودکان را دیده‌انـد؟ در حیـن تحصیـل، چنـد واحـد درسـی بـرای شـناخت و درمـان چنیـن کنشـی، در نظر گرفتـه شـده اسـت؟ بـرای برخـورد درسـت بـا کسـانی کـه در معـرض تجـاوز جنسـی بوده‌انـد، پرسـنل بایـد در کـدام شـرایط باشـند؟ پرسـنل یـاد شـده، آیـا واکنش‌هـا و مکانیسـم دفاعـی کسـانی را کـه در معـرض تجـاوز جنسـی بـوده انـد را می‌شناسـند؟ تجربه‌ی بسـیاری از کسـانی کـه در معـرض تجـاوز جنسـی خانگـی بوده‌انـد، حکایت از ناآگاهی‌هـای زیـاد نـزد دسـتگاه‌های حمایتـی می‌کنـد.

مـن، از درمان‌هـای زیـادی؛ روحـی و جسـمی، برخـوردار بـوده‌ام. بـرای رسـیدن بـه جایـی کـه اکنـون ایسـتاده‌ام فرآینـد طولانـی را می‌بایسـت پشـت سـر می‌گذاشـتم. در فراگـرد ایـن تحـول، نوشـتن را بـه عنـوان یکـی از ابـزار کمکـی انتخـاب کـردم. از قلـم و کاغـذ اسـتفاده کـردم تـا بتوانـم احساسـات‌ام را توضیـح دهـم. برخـی از نوشـته‌هایم در همیـن کتـاب جمع‌آوری شـده‌اند. شـاید ایـن تجربه بتوانـد انگیـزه‌ای باشـد بـرای کسـانی کـه هنـوز جهـت بیرونـی کردن احساسـات درونی‌شـان، بـا خویشـتن در جنـگ هسـتند.

سال‌ها پیش با خانم بودیل آشنا شدم که نقاشی و طراحی، ابزار کار او بود. در همان دیدارها بود که اندیشه‌ی نوشتن این کتاب در فرم نوشتار و طرح به وجود آمد. آیا می‌توانستیم در کنار هم ژرفای تجربه‌ی تلخ‌مان را به صورت کتاب افشا کنیم؟ سرانجام به این یقین رسیدیم که اگرچه در کودکی مورد تجاوز جنسی خویشان خود قرار گرفتیم، باید صدای‌مان را به گوش جهانیان برسانیم و تجربه‌های تلخ‌مان را با آن‌ها در میان بگذاریم. به این نتیجه رسیدیم که با کلام و تصویر، پلشتی روزگار و تجربه‌ی تلخ کودکی‌مان را برملا کنیم. تصمیم گرفتیم که در شکل کلام و تصویر، پلشتی‌ها و تاریکی‌های تجاوز جنسی به خصوص از نوع تجاوز نزدیکان درون خانه را توضیح دهیم و بگوییم که این کنش زشت، در طول زندگی چه می‌تواند با کودک و آینده‌ی او بکند. این کتاب پاسخ بیشتر پرسش‌هایی است که ما زمانی که فراشد تحول به امروز را طی می‌کردیم، به دنبال آن‌ها بودیم.

آیا این کتاب می‌تواند به کسانی که کوله‌باری هم‌سنگ ما بر دوش دارند، کمک کند؟ کوشش کردیم که با ساده‌ترین واژه‌ها و طرح‌ها، به کسانی که در معرض تجاوز جنسی بوده‌اند، نزدیکان و خانواده‌ی آن‌ها و دستگاه‌های حمایتی، درون‌مایه و زیرپوست آنچه موسوم شده به تجاوز به نزدیکان (زنا با محارم) را بشناسانیم.

پس از انتشار کتاب، با خبر شدیم کسانی که در معرض تجاوز جنسی بوده‌اند، این کتاب را به پزشک‌ها و کارکنان دستگاه‌های حمایتی هدیه داده‌اند و در صفحه‌ی اول هم چنین نوشته‌هایی آورده‌اند: «این کتاب افشاگر احساس درونی همه‌ی کسانی است که در معرض تجاوز جنسی خانگی بوده‌اند اما نمی‌توانند آن را بر زبان برانند. اکنون با این کتاب، شما

می‌دانید که احساس ما چیست و درون ما چه می‌گذرد».

در "مرکز حمایتی علیه تجاوز جنسی و تجاوز جنسی خویشان" با زنان و مردانی آشنا شدم که گذشته‌ای مانند من داشته‌اند. حکایت‌های هیچ‌یک از ما مانند هم نیست، اما برآمد و پسامد همه‌ی آن‌ها یکی است. همه‌ی ما در رنج عملکرد دیرهنگام آشنایان، فامیل، دستگاه‌های حمایتی و دولت بوده‌ایم.

گام به گام، چونان ساختمانی که با گذارده شدن سنگی بر سنگی ساخته می‌شود، درد و رنج ما نیز با جسم و روح ما آمیخته و بافته شد. سنگ‌هایی که این زندگی خاموش و تاریک را برای ما رقم زده‌اند، چنان سنگین و بزرگ هستند که رهایی از آن‌ها ناممکن می‌نماید. با این وجود، آنچه رخ داده، مربوط به دیروز است و فردا پیش روی.

ما پذیرفته‌ایم که سنگ‌ها با همه‌ی بزرگی و سنگینی‌شان حضور بلامنازع دارند و فکر می‌کنیم: نخستین سنگی که از دوش بر زمین می‌گذاریم به چه درد خواهد خورد؟ آیا کارکردی پرمعنا برای کودکان امروز خواهند داشت؟

کوشش می‌کنیم که پیرامون سنگ‌ها باغچه‌ای بسازیم. گِلی مناسب در آن بریزیم و گُل‌های زیبا در آن بکاریم. در میان باغچه شاخه‌ای پر طراوت سر بر خواهد آورد. تو آن را در دست خواهی گرفت.

آیا کتاب کم حجم «می‌دانی بهای‌اش چیست؟» بذری سودمند برای آیندگان به بار خواهد آورد؟ خوانندگان اگر درکی درست از ارزش‌های انسانی داشته باشند که می‌بایست چنین باشد، کودکان و بزرگ‌سالان بیشتری از کمکی که نیازشان است برخوردار خواهند شد.

کشتار روح

در نهان
پشت دیوارِ آرام و زیبای خانه ـ
روح کودکی
از کالبد نحیف‌اش
جدا می‌شود

مجرم
هیچ ردّ پایی
از خود نمی‌گذارد
در پی شکار دیگری
آزاد می‌گردد.

تجاوز جنسی

در رسانه‌ها بحث می‌شود که واقعن میزان تجاوز جنسی چنان زیاد است که آمار نشان می‌دهد. آیا آمار اغراق نمی‌کند؟ یا این که: آیا درست است که آنچه هر روزه مطرح می‌شود، تنها قله‌ی کوه یخی است شناور در اقیانوس؟

چرا مردم، صدای خاموش ما قربانیان تجاوز جنسی توسط خویشان خود را نه می‌شنوند و نه ما را می‌بینند؟ سکوت پیرامونیان آیا در ارتباط با این واقعیت است که شرمندگی و آبروریزی این امر موجب می‌شود که آنان گزینه‌ی پنهان نگاه داشتن را در تاریکی مطلق، بر انگ لکه‌ی ننگ توسط دیگران ترجیح دهند؟ اگر چنین باشد، هزاران نفر، بی آن که راز سر به مُهرشان آشکار شود، تسلیم مرگ نمی‌شوند؟

بعضی‌ها شاید برای دَم فروبستن تهدید شده‌اند. به گروهی گفته شده که آنچه روی داده گناه خود آن‌هاست. این‌ها در حالی است که برخی دریافته‌اند که نباید در این مورد زبان به سخن بگشایند.

تجاوز به نزدیکان موضوع دیروز و امروز نیست که عمری به درازای زندگی بشر دارد و در همه‌ی فرهنگ‌ها، دین‌ها و جامعه‌ها انجام شده است. هم زنان و هم مردان در شرایط اجتماعی فرادست یا فرودست و گاه حتا فردی که مورد اعتماد

جامعـه بـوده و دلسـوز مـردم، در پشـت درهـای بسـته و دیوارهـای بلنـدِ حاشـا، دسـت بـه چنیـن کار زشـتی بزنـد. متجاوزهـا هیـچ نشـان معینـی بـرای شـناخته شـدن ندارنـد. در جمـع خانـواده ممکـن اسـت کـه یـک نفـر، هـم دختـر و هـم پسـر فامیـل را مـورد تجـاوز و آزار جنسـی قـرار دهـد.

متجاوزهـای جنسـی هـم داسـتان و حکایـت خـود دارنـد. اغلـب خـود آنـان قربانیهـای تجـاوز خانگـی هسـتند. برخـی از آنهـا رنـج و دردی بـس دشـوار تجربـه کردهانـد کـه هرگـز هـم بـرای فراموشـی آن کمکـی دریافـت نکردهانـد و هیـچگاه هـم نتوانسـتهاند بـا کلام، پلشـتی تجربـه شـده را شـرح دهنـد. بنابرایـن رنـج ناشـی از تجـاوز، سـایهای اسـت کـه همـاره آزارشـان میدهـد. بعضـی از ایـن قربانیهـا در مسـیر تحـول جنسـی شـان، زخـم و درد سـنگینی را بـر دوش خـود داشـتهاند. همیـن زخـم و رنـج همـاره اسـت کـه آنهـا را از گزینـش مـرز و حـدی بـرای خـود ناتـوان کـرده و بـه همیـن دلیـل هـم از اداره و مهـار کـردار خویـش درماندهانـد.

در ایـن معنـا، آیـا همـهی کسـانی کـه خـود قربانـی تجـاوز جنسـی بودهانـد، متجاوزهـای فـردا هسـتند؟ نـه، بـه هیـچ وجـه! بیشـتر آنهـا خواهـان آن هسـتند کـه آنچـه خـود نیـز تجربـه کردهانـد موجـب تلخکامـی و سـیاهی زندگـی دیگـران نشـود. بـه همیـن خاطـر هـم مـا دل مشـغول حمایـت بیشـتر از کـودکان هسـتیم.

دردهـای ناشـی از تجـاوز میتواننـد شـرحی باشـند بـر رفتـار متجاوزهـا، امـا هرگـز نبایـد بهانـهای بـرای تکـرار همـان پلشـتی شـود. یکـی از روانشناسهـای برجسـته کـودکان و امـور جنسـی بـه نـام ماگنـه رونـدال، بـر ایـن بـاور اسـت کـه هـرگاه کسـی در شـرایطی قـرار گرفـت کـه بتوانـد دسـت بـه تجـاوز جنسـی بزنـد بیمـاری فکـری دارد. هـم او میافزایـد کـه همـهی مـا آدمهـا باورهـای گوناگونـی داریـم، ولـی در کنـار همـهی ایـن اندیشـهها، در پیکـره مغـزی مـا

ماشینی هـم وجـود دارد کـه وظیفه‌اش سامان دادن و پیراستن و حتا کنـار گذاشـتن اندیشـه‌های نادرسـت اسـت. بـه بـاور او، کسانی کـه مرتکـب تجـاوز جنسـی می‌شـوند، بیمـاری فکـری دارنـد و همیـن بیمـاری هـم دستاویزی می‌شـود کـه ماشـین یادشـده، کارکـردش ناتـوان شـود یـا بـه کلـی از کار بیفتـد.

در دسـتگاه‌های حقوقـی و دادگسـتری میـزان کیفـر جرم‌هـای جنسـی کاوش شـده اسـت. آیـا چارچـوب در نظـر گرفته‌شـده در وابسـتگی اسـت بـا دیگـر جرم‌هـا؟ اندک‌انـدک برخی‌هـا دریافته‌انـد کـه تجـاوز جنسـی می‌توانـد پیامدهـای سـنگین و غیرقابـل جبرانـی داشـته باشـد.

روزی نیسـت کـه در رسـانه‌ها دربـاره تجـاوز جنسـی گفتـاری نخوانیـم یا نشـنویم. برخی اسـتدلال می‌کننـد کـه گفتمـان تجـاوز جنسـی بـه جسـتار مـد روز تبدیـل شـده اسـت و بسـیارانی بـه خاطـر جلـب توجـه دیگـران وارد ایـن گفتمـان می‌شـوند. گروهـی هـم می‌گوینـد کـه افـراد پشـتیبان یا درمانگـر، می‌تواننـد یادمان‌هـای نادرسـتی در اندیشـه قربانـی بکارنـد.

مـا کـه خـود ایـن آزمـودن زشـت را پشـت سـر گذاشـته‌ایم، خـود را می‌شناسـیم؟ نـه!

ایـن گفتمـان، آونـدی اسـت بـا در سُـربی سـنگین و بسـته کـه امکان گفت‌وگـو دربـاره‌ی آن نیسـت. وارد شـدن بـه جزئیـات آن دردآور اسـت. بـه همیـن سـبب هـم فـرار را بـر گفتمـان ترجیـح می‌دهیـم.

خـود مـن، سـرانجام به‌جایـی رسـیدم کـه جرئـت یافتـم تا آنچـه رخ‌داده بـود را بـا گفتـار آشکارسـازم. بهـای ایـن یافتـه، گذاشـتن واژه‌هـا بـود بـر روی کاغـذ سـپید. در هنگام نوشـتن، چندین هفته حالـت تهـوع داشـتم. بـه ایـن می‌اندیشـیدم کـه آیـا جرئـت خواهـم کـرد بـرای آنچـه بـر مـن گذشـته، واژه‌هـای درخـوری بیابـم؟ بـرای یافتـن پاسـخ، لازم شـد کـه بـه مرکـز و درون رویـداد وارد شـوم.

بهـای ایـن کار هـم احسـاس سنگینی درد بـود بـر وجـود و هسـتی زخم‌خـورده‌ام. ولـی، هم‌زمـان، چیزهایـی هـم رهـا شـدند و از قیدوبنـد آن بیـرون آمـدم. اندکـی از اشـک‌ها و روان‌خسته‌ام فرصت خودنمایـی یافتـه بودنـد و آنچـه قابـل توجـه می‌نمـود، از بیـن رفتـن تهـوع مـن بـود. دسـت‌کم بـرای مدتـی کوتـاه.

اکنـون معنـا و راسـتینگی ایـن شـعار مرکـز حمایـت از تجـاوز شده‌ها را درک می‌کردم:

«بایـد از تجـاوز جنسـی خویشـان در حـد مـرگ گفت‌وگـو شـود، نـه این‌کـه در حـد مـرگ خامـوش مانـد».

کودک

آدمـی کوچـک بـر آسـتانه‌ی هسـتی قـرار دارد و آمـاده می‌شـود تـا جهـان را بیازمایـد. کـودک کوچولـو، پیرامـون خـود را به‌خوبـی حـس می‌کنـد. کـودک، پیـش از آن‌کـه بـا واژه آشـنا شـود، به‌طـور شـهودی و حسـی آنچـه رُخ می‌دهـد را درمی‌یابـد. بااین‌وجـود، حس‌هـای گوناگـون را تفسـیر کودکانـه می‌کنـد. کـودک، می‌دانـد کـه چـه هنگام فضـای پیرامونش بی‌ترس است و چـه هنگام ناآرام و ترسـناک. بـا عشـق و مهربانـی و یـا مجـازات و کیفـر، آیین بـازی را درمی‌یابـد. کـودک اندک‌انـدک بـزرگ می‌شـود و درمی‌یابـد کـه مـن، مـن هسـتم، جـدای از پیرامونـم. بـه این شـکل، هویـت او پـرورش می‌یابـد.

بـرای گروهـی از کـودکان، نـاگاه همه‌چیـز آشـفته می‌شـود. بزرگ‌سـالی؛ آشـنا یـا ناآشـنا، به‌نـاگاه وارد گسـتره‌ی او می‌شـود. کـودک درمی‌یابـد کـه چیـزی نادرسـت در شُـرف جریـان اسـت و گاه فکـر می‌کنـد کـه گنـاه خـودش هسـت. کـودک احسـاس می‌کنـد ـ یـا پیامـی دریافـت می‌کنـد ـ کـه دراین‌بـاره نبایـد زبان بـه سـخن بگشـاید. او در دنیـای کوچـک و کرانمنـد خـود راهبردهـای استادانه خـود را بـه کار می‌گیـرد. برخـی از کـودکان افـزون بـر آشـفتگی فـراوان، بیشـتر در جمـع می‌ماننـد و گروهـی هـم بـا در خویـش فـرو رفتـن دگرگونیِ رفتـار می‌دهنـد و هـرروز آرام‌تـر و

اندوهگین‌تر می‌شوند.

واکنـش بزرگ‌ترهـا پـس از ایـن کـه بـا دودلـی و بدگمانـی درمی‌یابنـد کـه چیـزی درسـت نیسـت، چیسـت؟

تغییـر رفتـار کـودک در دوره‌ای معیـن، چرایـی‌هـای فراوانـی می‌توانـد داشـته باشـد. خوشبختانه، بیشـتر ایـن تغییـر رفتارهـا بـه سـبب چیزهـای معمـول زندگـی اسـت. امـا خـود شـما، بـا توجـه بـه همـه‌ی نشـانه‌های موجـود، هنگامـی کـه می‌فهمیـد انگیـزه تغییـر رفتـار تجـاوز جنسـی اسـت، چـه می‌کنیـد؟ آیـا جرئت می‌کنیـد کـه ایـن نگرانـی را بـا دیگـران در میـان بگذاریـد یـا آرزو می‌کنیـد کـه دیگـران ایـن کار را بکننـد؟ بلـه، ممکـن اسـت دریافتـی اشـتباه داشـته باشـید. ـ آیـا بـه همیـن خاطـر اسـت کـه کارشناسـان بـرای ورود بـه ایـن زمینه‌هـا بی‌میـل هسـتند؟

کـودک بـه همـراه نیـاز دارد ـ بـه چـه کسـی می‌شـود اعتمـاد کـرد؟ آیـا کـودک در فـرا سـپهری امـن هسـت کـه جرئت کنـد و دربـاره‌ی ایـن نشـانه گفتگـو کنـد؟ آنگاه کـه کـودک درباره‌ی تجـاوز کـه امـری اسـت جـدی سـخن می‌گویـد، آیـا او را بـاور می‌کننـد؟ بـاور گفتـه کـودک و جـدی گرفتـن او، بسـیار بـاارزش اسـت. می‌توانیـم از خـود بپرسـیم: بـر چـه پایـه‌ای، کـودک جزئیـات یـک تجـاوز را تعریـف می‌کنـد؟ اگـر خـودش ایـن تجربـه را نیازمـوده باشـد، ایـن آگاهی‌هـا را از کجـا آورده؟

چـرا کودکـی می‌بایسـت دربـاره‌ی چنیـن چیـزی دروغ بگویـد؟ تجربـه نشـان می‌دهد کـه کـودک اگـر دروغ بگویـد، بـرای پوشـیده نگاه داشـتن زشـتی و پلشـتی روزگار اسـت کـه او، قربانـی آن اسـت. چنـدی پیـش در یکـی از شـهرهای کوچـک، پلیس عکس‌هـای بی‌شـماری کشـف کـرد کـه به‌سـادگی می‌شـود همـه‌ی کودکانـی را کـه قربانـی تجـاوز جنسـی بوده‌انـد بازشـناخت. هنگامی‌کـه کـودکان را بـرای بازبینـی بیشـتر یکـی پـس از دیگـری فراخواندنـد، همگـی،

آنچه در عکس بود را انکار کردند. گویا با این کار وفاداری‌شان به راز سر به مُهر خویش را ثابت می‌کردند. آنگاه که پلیس به کودکان ابراز کرد که آن‌ها عکس‌هایی دارند که خشونت جنسی را علیه آنان را نشان می‌دهد و به آنان توضیح داده شد که آنچه رخ داده، گناه آن‌ها نیست، بازهم گروهی چنین پیش آمدی را منکر شدند و برخی هم با دودلی و اشاره سر به طرف پایین، آن را تأیید کردند. باور نکردن تجاوز جنسی از سوی کودکان و یا گواهی تردیدآمیز آن، آدمی را به این اندیشه وامی‌دارد که چگونه تهدید شده‌اند که حتا با افشای عکس‌ها، حاضر نیستند آن را بپذیرند و یا در بهترین حالت، چه اندازه این کنش زشت، برای آن‌ها شرمگینانه بوده، چیزی است که باید بیش از این به آن پرداخته شود.

تهدید می‌شوند که «اگر این راز افشا شود، پدر و مادر زندانی خواهند شد ـ و با زندانی شدن آن‌ها، کودک راهی پرورشگاه خواهد شد!» چنین تهدیدهایی برای واداشتن کودک به خاموشی، کارساز بوده‌اند.

به‌ندرت کودکی با دروغ خود را وارد دشواری و دردسر می‌کند. بیشتر کودکان اگر دروغی بگویند به این دلیل است که می‌خواهند از چالشی دوری بجویند و خود را از موقعیت دشوار رها سازند.

پرسشی که در برابر ما قرار می‌گیرد، این است که چگونه می‌شود به کودک فهماند که نگاه‌داشتن رازها در سینه، رازهایی که در ارتکابشان او هیچ گناهی نداشته، دستاویز می‌شود که کسان دیگری هم قربانی همان زشتی و پلشتی شوند که او. به باورم بهترین کار این است که از همان روزگار کودکی، باید به کودک گفته شود که «این پیکر تو هست و هیچ‌کس حق ندارد به آن دست‌درازی کند!» به‌عنوان نمونه، هنگامی که

کـودک از خـود بودگـی بیشـتری برخـوردار می‌شـود و قـرار اسـت او را دوش دهیـم، موهـا، پشـت و دسـت کـودک را کـه شسـتیم، بـرای شسـتن انـدام جنسـی، صابـون را بـه او بدهیـم و گوشـزد کنیـم کـه «چـون ایـن بخـش از انـدام تنهـا از آن تـو اسـت، خـودت آن را بشـوی!» بـا چنیـن کـرداری، کـودک انـدک‌انـدک می‌آمـوزد کـه «ایـن پیکـر مـن اسـت!» مـن، مـن هسـتم!

برخـی به‌اشتباه واژه‌هایـی را بـه کـودک می‌گیرنـد و بـه دیگـران هـم پیشـنهاد می‌کننـد کـه: «بـه کـودکان نـه گفتـن را بیامـوزیم». کـودک بخـت گزینـش حـدّ و مـرز بـرای بزرگ‌سـالان را نـدارد! بـه گمانـم چنیـن آموزه‌هایـی در برابـر خواهـش بزرگ‌ترهـا، اگـر چنیـن کنـش زشـتی روی دهـد، مسئولیت را بـر دوش کـودک گذاشته‌شـده اسـت. چیـزی کـه هرگـز نبایـد از یـاد ببریـم ایـن اسـت کـه تجـاوز جنسـی، همـواره مسـئولیت بزرگ‌ترهـا اسـت.

بـه کـودک آمـوزش داده‌شـده کـه بـه دیگـران توجـه کنـد. بـا کنـش زشـت تجـاوز، کـودک درمی‌یابـد کـه چنیـن آموزه‌ای سراسـر نادرسـت اسـت. او دریافتـه کـه مرزهـا و چهارچـوب او در نظـر گرفتـه نشـده و بـه حریمـش تجـاوز شـده. باوجوداین، چـون کـودک توانایـی هماهنگـی و همگـون شـدن را بـا دیگـران دارد، بسـیار زود و به‌طـور آشـکار بـا شـرایط تـازه عـادت می‌کنـد. امـا، در هنگـام بزرگ‌سـالی چـه روی خواهـد داد؟

همـه‌ی بزرگ‌ترهـا، کـودک درونـی دارنـد کـه نیـاز بـه نگهـداری و پشـتیبانی دارد. همزمـان هـم کـودک درون بایـد بگویـد کـه نیـازش چیسـت و چگونـه مراقبتـی بایسـته‌تر اسـت.

بـرای قربانـی تجـاوز جنسـی، ایـن جسـتار چالشـی اسـت بـزرگ. چگونـه گزینـش مـرز و چارچـوب و پاسـبانی نیازهـا شـدنی اسـت، هنگامی‌کـه آموختـه‌هـا واژگـون بوده‌انـد؟

بـرای مـن دوران درمـان بـرای این‌کـه بـه خـودم اجـازه دهـم تـا

بـه کـودک درون نزدیـک شـوم، بسـیار دیرپـا بـود. بـا آموزش‌هـای درسـت روانشـناس، توانسـتم بـرای دخترک درونـم بنویسـم. سرانجام هـم کامیابـی فراهـم شـد و توانسـتم بـا کـودک آسـیب‌دیده درونـم، پیونـد برقـرار کنـم.

دخترک دلبندم

دختـرک دلبنـدم، بیـا، نزدیک‌تـر بیـا، بیـا تـا دربـرت بگیـرم، می‌شـود؟ خبـردارم کـه اندوهـی سـنگین‌بار و بـزرگ بـر دوش داری. در تمـام سـال‌های پیـش، ایـن بـار را تنهـا و در ناشـناختگی تنهایـی برتابیـده‌ای. پیـش ازایـن، نمی‌توانسـتم نـزد تـو باشـم، باشـد کـه دریابـی ایـن نابودگـی روا را.

دختـرک عزیـزم، تـرسـت را گـواه هسـتم. آه، دخترکـم، ای‌کاش چنیـن نمی‌شـد.

نوشـدارویـی بـر رنجـت گذاشـته نشـد. حتـا نمی‌توانسـتی دیـو زشـت و پلشـت را نـام بـری. بـه کجـا پنـاه می‌بـردی؟ چـه کسـی بـاور می‌کـرد آنچـه خـود نیازمـوده بـود؟ چیـزی کـه خـودت هـم درکـش نمی‌کـردی.

بارهـا از بـودن دیـو بی‌نـام بـر خـود لرزیـدی و تـرس‌خـورده در خـود فرورفتـی. کجاینـد ایـن بی‌نام‌هـای پلشـت؟ می‌دانـم کـه زندگی بـا همـه‌ی زیبایی‌هایـش بـرای تـو تلـخ اسـت و بی‌ارزش. در ناکجـای خویـش، نفـس در سینه حبـس می‌کـردم و تـو را در خـواب و بیـداری طلـب می‌کـردم.

دخترک دلبنـد تـرس‌خـورده‌ام، نیـک می‌دانـم کـه از تـرس، دهانـت زمین‌گیـر می‌شـد و راه فریـاد زدن بسـته. بیـا، بگـذار در آغـوش امـن ببویـم تـو را. سـتیز و جنـگ بـا خـود و هسـتی، تـو را بـس اسـت.

از ترس‌هایت بگو، از پیکار تنهایی‌ات بگو. بگو چرا به ناگاه همه‌چیز تاریک و غم‌انگیز شد.

آنچه پنهان است، رنجت می‌دهد. ما دو نفر، روزهای پررنج کم داشته‌ایم؟ بیا، بگذار با هم به زیرزمین برویم و دریابیم که آزرم را کجا پنهان کرده‌ایم.

نیک می‌دانم که پیدا کردن آوند پنهان دشوار است. تو گناهی نداری! دیو پلشتی که با تو چنین کرد، گناه‌کار است. شرمش باد. کجا پنهانش کردی؟ بگذار ببینمش. چیزی داری که آوند آزرم را بازکنیم؟

چه چیز را به یاد نداریم؟ به دنبال چه هستیم؟ راز و سرّ مگوی تو در این آوند پنهان است.

دفاع را از آنچه با تو کرده است را کنار بگذار. پنهان کردن شرم او، وظیفه تو نیست. وفاداری این‌همه سال، بس است. اندوه این‌همه سال بر دوش داشته‌ای، او اما، حتا خرده‌ای شرم نداشت و رنجی هم نبرد.

خشمگینی حق توست. برای گریستن هم دلیل داری. با هم، راهی برای برون‌رفت خواهیم یافت. پلشتی‌ها باید نابود شوند تا خورشید نمایان گردد. در پرتو آفتاب درخشان فریاد سهمناک و ترس‌خورده‌ی دیو زشت کردار شنیده خواهد شد.

راز سربه‌مُهر

گروهـی از کـودکان، بـا رازی کـه در درون خویـش دارنـد، روز و شـب را سپـری می‌کننـد.

یکـی از روش‌هـای جلوگیـری از ایـن رازداری زیان‌آور، گفتگـو بـا کـودک از دوران کودکـی اسـت؛ بـه کـودک بایـد گفـت کـه رازهـای آدمـی خـوب و بـد دارد، زشـت و زیبـا دارد، آلـوده و پالـوده دارد. دنیـای کـودک بـه‌این‌ترتیـب، شایـد دریابـد کـه راز زیبـا و خـوب کـدام اسـت ـ نمونـه این گونـه تمریـن، خریـد ارمغـان بـرای زادروز یکـی از افـراد خانـواده اسـت بـا همـکاری کـودک و این‌کـه او نیـز تـا زمانـی کـه بسـته ارمغـان را بـاز نکـرده، نبایـد بدانـد کـه در بسـته چـه چیـزی اسـت. بـرای کـودک رازهـای خـوب و زیبـا ماننـد حباب‌هـای شـادی هسـتند در درون انسـان.

کسـانی کـه بـه کـودک نزدیـک هسـتند، بایـد بـا روشـی بهنجـار بـه کـودک بیاموزنـد کـه او می‌توانـد دربـاره هـرآن چـه اندوه‌گیـن، ناراحت‌کننـده و نازیبـا هسـت، بـا دیگـران سـخن بگویـد. بـه کـودک بایـد آموخـت کـه بـرای بزرگ‌سـالان هـم داشـتن رازی بـا کـودکان کـه درخـور او نباشـد و یـا واداشـتن او بـه خویشـتن‌داری در برابـر کنشـی پلشـت، ناشایسـته اسـت.

پیونـد باثبـات و امـن میـان کـودک و بزرگ‌ترهـا زمانـی ممکن می‌شـود کـه از همـان روزگار کودکـی هنگامی‌کـه او بـا گریـه از

بازی به خانه می‌آیـد، یـا از خامـوش کـردن روشنایی بـه هنگام خوابیـدن تـرس دارد، به حرف‌هایـش گـوش‌داده و او جـدی گرفتـه شـود.

اندک‌اندک کـه کـودک بزرگ‌تـر می‌شـود و دوران نوجوانـی فرامی‌رسـد، بی‌گمـان، بزرگ‌ترهـا بـا واژه‌هایـی دیگـر بـه او یـادآور می‌شـوند کـه آن‌هـا همـاره در کنـار او هسـتند و در صـورت نیـاز پشتیبان او. در ایـن معنـا کـودک آرام دلـی پیـدا می‌کنـد تـا آنچـه برایـش رخ می‌دهـد؛ تلـخ و شـیرین را بـرای آن‌هـا بازگـو کنـد. به‌این‌ترتیـب کـودک احسـاس تنهایـی نمی‌کنـد و راز نگفتـه‌ای در درون خویـش نگـه نمی‌دارد. آن‌گاه کـه کـودک گـواه جـدی بـودن و همدلـی بزرگ‌ترهـا باشـد و حـس کنـد کـه آن‌هـا برایـش وقـت می‌گذارنـد و نـه تنهـا بـه گفته‌هایـش گـوش می‌کننـد کـه سپاسگزارنـد کـه بـه آن‌هـا اطمینـان داشـته و راز خـود را بیان کـرده، دیـوار اعتمادسـازی اسـتوارتر می‌شـود و پیونـد نزدیـک‌تـر.

گاه دیده‌شده کـه یکـی از بهتریـن دوسـتان کودکـی بـرای او رازی را تعریـف و می‌افزایـد کـه تهدیـد شـده کـه ایـن راز را نبایـد بـا کسـی در میـان بگـذارد؛ یعنـی دم فروبنـدی و خاموشـی برگزینـد. در ایـن موقعیـت، کودکـی کـه از اسـتواری اراده و آگاهـی لازم برخـوردار اسـت، می‌دانـد کـه بایـد بـه دوسـت خـود بگویـد؛ کسـی نبایـد تجربـه و احسـاس تلـخ را درونـی خـود کنـد و از دیگـران پنهـان. او نیـک می‌دانـد کـه بزرگ‌ترهـا هـم حـق ندارنـد چنیـن رفتـار زشـتی بـا کـودک داشـته باشـند. کودکـی کـه از زیسـتگاه بی‌بیـم خانـواده برخـوردار اسـت، دوسـتش را بـه خانـه می‌بـرد و می‌دانـد کـه بزرگ‌ترهـا هـم بـه گفته‌هـای او و دوسـتش گـوش می‌کننـد و جـدی می‌گیرندشـان. به‌این‌ترتیـب، فضـای امنـی بـرای دوسـت او نیـز ممکـن شـده اسـت.

وظیفـه‌ی بزرگ‌ترهـا اسـت کـه در صـورت مشـاهده تجـاوز، آن را

گـزارش کننـد؛ بنابرایـن در ایـن مـوارد بایـد بـا کـودک و نوجوانـان چنـان روشـن و بـاز بـود کـه در صـورت ارتـکاب کـرداری زشـت بشـود دربـاره کنش‌هـای جـدی ماننـد تجـاوز جنسـی، نیـز سـخن گفـت و درپوش بـر آن ننهـاد. در پیونـد بـا چنیـن نمونه‌ای، کـودکـی کـه در خانـه‌ای امـن زندگی می‌کنـد بایـد راه‌کارهـای شـدنی بـرای یـاری و پشـتیبانی از دوسـتی کـه راز نهـان درون خـود را بـر او آشـکار کـرده، بیابـد. نـزد کـودکان و نوجوانانـی کـه بـا امنیـت خیـال در خانواده‌هایشـان زندگـی می‌کننـد و امـکان واگویـی همه‌چیـز دارنـد تـا در دل رازی نمانـد کـه موجـب افسـردگی آن‌هـا شـود، سـخن گفتـن از تجـاوز جنسـی بـه دسـت یکـی از نزدیکانـی کـه بـه او اطمینـان داشـته‌اند ممکـن اسـت. اعتمادسـازی دوران کـودکـی، چنـان بااهمیـت هسـت کـه غیرقابـل ارزش‌گـذاری اسـت.

در بخـش بزرگـی از زندگی‌ام دچـار گونـه‌ای از بی‌شکلی بـوده‌ام. نکته‌هایـی کـه نمی‌دانسـتم چـه هسـتند. ولـی چیـزی سـر جـای خـودش نبـود و بـا واقعیت‌هـای ملمـوس کودکـی و نوجوانـی‌ام، هماهنگـی نداشـت. دسـت بـه همـه کاری می‌زدم تا از شـناخت واقعیتـی کـه زندگـی کودکـی تـا اکنونـم را تبـاه کـرده رهـا شـوم. هرچـه بیشـتر می‌کوشـیدم، چـراغ قرمزهـای انـدامم سـهمگین‌تر و پرکارتـر نشـانه‌های آسـیب را نشـانم می‌دادنـد؛ امـا مـن، همچنـان بـه پاسـداری آبـروی خانـواده و زندگـی اجتماعـی می‌اندیشـیدم. بـا اراده‌ای توصیف‌ناپذیـر بـر پنهان‌کاری پافشـاری داشـتم کـه نـاگاه، نیرویـی درونـی، فریـاد بـرآورد: «مسـخره‌بازی بـس اسـت، بـه راسـتینگی بیندیـش!»

سـرانجام روزی بـا دیـوار روبـرو شـدم. پیکـرم تسـلیم شـد و به‌این‌ترتیب نقطـه پایانـی بـر پافشـاری بیهـوده گذاشـته شـد. انـگار پایـان پافشـاری و آبروداری، آغـاز فراشـدی بـود کـه هنـوز هـم ادامـه دارد. آنچـه در ذهنـم شـکل‌ناپذیر بـود، شـکل گرفـت. شـکلی کـه

دوستش نداشتم.

حباب‌های کوچکی بر سطح آب آمد. چهل سال رازی را با خود به هرکجا می‌بردم. پس پشت پرده‌ی دیوار حاشای فراموشی، چیزی پنهان بود که تن و جانم را می‌آزرد. آنچه اکنون بر پرده افتاده و آشکارشده بود، غیرواقعی می‌نمود؛ چیزی که کوشش می‌کردم از آن در گریز باشم. فرار از نو! ذهنم راستی را انکار می‌کرد، اندامم اما با روشنی و صراحت تمام فریاد می‌زد که با کمال تأسف من در راه رمز و رازهای بیهوده‌ای گام برداشته‌ام. مُهره‌های بازی یکی پس از دیگری جای خود نشستند و پیشگاه روشن و بی‌آرایش نمایان شد. دیدن حقیقت و راستی و این‌که آنچه بر من رفته، عین حقیقت است، دردآور بود.

در نگاه به گذشته، من و یارانم برای رسیدن به خودباوری، راهی ناهموار و سخت پیش رو داشتیم. چرا پیش‌ازاین خودباوری را نپذیرفته بودیم؟ چنین آزمون‌های تلخ و سهمگینی هرگز فراموش نخواهند شد. رویدادها بیداد می‌کنند و ما دنبال روشنگری و آشکارسازی دیگری برای پیشامد هستیم. در گفتگوی درونی با «خویشتن خویش» به امید شاهدهای بسیاری هستیم. در این گفتمان‌ها آنچه رُخ می‌دهد؛ این است که ما بیشتر شکوه‌گر باشیم و گلایه کنیم از روزگار به‌جای آن که در پیکار باشیم با پلشتی‌ها. گویا، از گونه دفاعی خود نیز پشتیبانی می‌کنیم و امکان گفتمان بیرونی را مسدود می‌نماییم.

راه‌های فراوانی برای به یاد آوردن وجود دارد. پیکر آدمی می‌تواند احساس، آوا و رایحه را نیز بازبشناسد. یاد اما شاید، نتواند آنچه را که روی‌داده است فرابخواند. نگارها شاید تا زمانی را نشان بدهد اما سرانجام در نقطه‌ای از جنبش بازبایستد. شاید به‌عنوان نمونه، پشت‌دری از پویش بازبماند. آنجا همه‌چیز

سیاه می‌شود و تاریک. این‌جا است که من نمی‌خواهم چیزی به یاد بیاورم! چراکه هر چه بیشتر کوشش می‌کنم، ریزگان کنش پلشت، پشت در پنهان می‌مانند.

چنان می‌نماید که یادها با شتاب و اندازه‌ای پیش می‌روند که در هر زمان برای ما قابل هضم باشد و بتوانیم از پس آن برآییم. رویدادهایی هستند که شاید هرگز نمایان نشوند.

زمان‌هایی فرامی‌رسد که آدم با کارهای دیگری درگیر است و شاید در آرامش که ناگاه پیکره‌هایی به یاد می‌رسند که از پیش هیچ هشداری برای خود خواندگی‌شان نداده‌اند. شاید ریزگان چیزی باشد که در زندگی روزانه می‌گذرد و همانندی دارد نمونه آن‌که در سال‌های پیش تجربه‌شده و در یاد و خاطره هم سرکوب. آنچه اکنون دستاویز می‌شود که گذشته سرکوب‌شده در یاد زنده شود می‌تواند، بوی چیزی باشد، پی‌رنگ جامه‌ای باشد، آرایش درونی خانه‌ای باشد، توجه ویژه به کس یا چیزی باشد و یا هر مورد شدنی دیگری. در یک آن، شما وارد دمی سیاه و تاریک می‌شوید که پیش ازاین، در یاد نداشته‌اید. انگار که دستگاه رایانه ما دستمایه‌ای کهن و پنهان را آشکار کرده باشد. چنین کارکردی همواره بوده، اما هرگز پیش ازاین، این‌همه در دسترس نبوده است.

کنترل

در جهانـی کـه همه‌چیـز غیرقابـل پیش‌بینـی هسـت، دسـت یافتـن بـه کنتـرل بـرای کـودک حائـز اهمیـت اسـت. کـودک هرگـز نمی‌دانـد کـه تجـاوز جنسـی بعـدی کـی رخ خواهـد داد؛ بنابرایـن بـا خودآمـوزی نشانه‌های خطـر را احسـاس مـی‌کنـد و بـه همیـن روال، می‌دانـد کـه بـرای رهـا شـدن از ایـن خطـر چگونـه رفتـاری بایـد داشـته باشـد.

در دنیـای تخیلـی کـودک، دسـتگاه کنتـرل احسـاس و رفتـار فضـای زیـادی را اشـغال مـی‌کنـد. زمـان و توجـه زیـادی صـرف مـی‌شـود تـا دسـتگاه کنتـرل بهنجـار شـود و به‌موقـع واکنـش لازم را نشـان دهـد. بـا گذشـت زمـان، کـارکرد ایـن دسـتگاه خـودکار می‌شـود و به‌تدریـج بـا شـخصیت کـودک درهم‌تنیـده می‌شـوند.

یکـی از اسـتراتژی‌های مؤثـر بـرای برخـی از کـودکان قربانـی، آرمانـی سـاختن فضـای زیسـت و پیرامـون خویـش اسـت. ایـن کـارکرد کـودک را کمـک مـی‌کنـد تـا «حقیقـت وحشـی و رنـج‌آور» را انـکار کنـد: «همه‌چیـز خـوب اسـت.»

مـا بزرگ‌ترهـا بـرای کنتـرل چـرخ زندگـی تـوان و انـرژی زیـادی صـرف مـی‌کنیـم. در میـان رویدادهـا قـرار مـی‌گیریـم تـا راهـی بـرای برون‌رفـت از نـا منتظره‌هایـی بیابیـم کـه شـاید رخ دهنـد. چـرخ گـردون و روال زندگـی بـه مـا آموخته‌انـد کـه هیچ‌کـس نمی‌دانـد

کـی، چـه کسـی و کجـا ادارهی امـور را از مـا خواهـد گرفـت. در این معنـا، بایـد همـاره آمـاده باشـیم بـرای تجربـهی رویـدادی جدیـد.

آماده‌باش هماره

دخترک آموخته که
باید هماره در کار باشد
هماره آماده باشد
از نسیم خنک تابستان
لذتی نمی‌برد
بروز واقعه
هشدار نمی‌دهد
باد و طوفان شدید
هر آن ممکن است
نسیم را هم با خود ببرند

آماده‌باش
توان‌فرسا است
برای لذت
چه می‌ماند؟

عوارض دیرهنگامی

خوشبختانه اکنون در نروژ بیشتر پسرها و دخترهایی که قربانی تجاوز خانگی هستند، از کمک‌های زودرس و به‌موقع بهره‌مند می‌شوند. بدیهی است که هرچه زودتر کار درمان فیزیکی و روحی کودک آغاز شود، احتمال محدود کردن رنج و امکان آسیب‌های بیشتر، در دایره‌ای کم شعاع قرار خواهد گرفت. هیچ کس نمی‌تواند بار سنگین تجربه‌ی تجاوز جنسی را از شانه‌های کودک بردارد. اما بااین‌وجود، می‌شود با حمایت‌های به‌موقع، فشار بار را کمتر کرد تا از رنج او کاسته شود.

اما کودکان دیگر کره‌ی خاکی، کودکانی که در سکوت و خاموشی بار سنگین تجاوز را برای همه‌ی عمر بر دوش دارند، چه می‌شوند؟ چه تعداد از تجاوز جنسی به کودکان هرگز شناخته نمی‌شوند و پرده‌ی سیاه خاموشی هرگز کنار نمی‌رود؟ چه مقدار از تجربه‌های تلخ در درون کودک، نوجوان، جوان و بزرگ‌سالی که قربانی تجاوز جنسی بوده، مانند دیگ زودپز، جسم و جان کودک را در فشار توان‌فرسای خود نابود می‌کند؟ چه تعداد از آن‌ها در سال‌های بعد با دردهای جسمی-روانی به دکتر مراجعه کرده‌اند و پزشک هم به‌اشتباه این یا آن دارو را برای کم کردن دردهای جسمانی تجویز کرده است؟

بیشتر ما شاید اصطلاح «خشونت کور» را شنیده باشیم؛ کسی

به‌طور تصادفی در خیابان با خشونت دیگری بر زمین می‌افتد. فرد خطاکار شاید بار سنگین سال‌ها فشار درونی را تحمل کرده و اکنون در زمان و مکانی نادرست، فشار خشم درون به نقطه‌ی انفجار رسیده و دست‌به‌کاری زده که نباید. پسامدهای کردار زشت و پلشت تجاوز قابل پیش‌بینی نیستند. اراده‌ی برخی از آن‌ها این خواهد بود که به‌تدریج از چنین رفتاری دوری بجویند و هرگز با خشم خویش نیز دیداری نداشته باشند. با این اراده، چه خواهد شد؟

بی‌تردید، همه‌ی ما راهبردهای گوناگونی برای دست یافتن به کنترل خشم خویش تجربه کرده‌ایم. تجربه‌هایی که در آینده عواقب جدی خواهند داشت. گستردگی عوارض رسیدگی دیررس به قربانی تجاوز جنسی بیش از تصور ماست؛ به‌ندرت از همه‌ی ظرفیت‌های خویش استفاده خواهند کرد که این خود پیامد ناتوانی آن‌ها در خوش‌بینی است. اینان بیشتر دوران زندگی بزرگ‌سالی خویش را صرف مرهم گذاشتن بر زخم‌های جان و جسم خویش می‌کنند. کسانی مانند من که «ما» می‌شویم؛ ما که زخم‌هایمان هرگز درمان نمی‌شود، باید بپرسیم: کیفیت کمک‌های ارائه شده توسط دستگاه بهداشتی چگونه است؟

چه مدت باید در نوبت کمک‌های روان‌شناس بماند تا کمک کافی بدون تخریب بیشتر جان و جسم، دریافت کند؟ با توجه به موانع قانونی، کارکنان دستگاه خدمات درمانی و اجتماعی چگونه و به‌اندازه می‌توانند انعطاف داشته باشند؟ چه کسی مسئولیت هماهنگی برنامه‌های لازم را به عهده می‌گیرد؟

با رسیدن به دوران بزرگ‌سالی، در میانه‌ی دوران درمان، چه مقدار توان، برای قربانی مانده تا صرف مبارزه با دستگاه

بوروکراسی اداری بکند؟

بن‌مایه‌های امنیت، اعتماد و اطمینان اساسی نقش بسزایی در هویت‌سازی کودکی دارد که قربانی تجاوز جنسی بوده است. اگر به ناگاه بزرگ‌سالی، کودکی را طعمه‌ی نَفسِ خویش کند، دستگاه هویت‌سازی کودک چه خواهد شد؟

با روز چنین هجومی که شباهت دارد به بروز طوفان‌های سهمگین، نمای بیرونی هویت‌سازی چگونه است؟

کودک در چنین شرایطی باید چند ژنراتور اضطراری برای احیای موقعیت خود به کار گیرد؟

در شرایط اعلام موقعیت استثنایی، چه واکنش‌هایی پسامد و پیامد تجاوز خواهد بود؟

با چنین رویدادی، امکان اطمینان و اعتماد به هیچ کس دیگری وجود دارد؟

هنگامی‌که این کودک قربانی به بزرگ‌سالی می‌رسد، چه رخ خواهد داد؟ منطق می‌گوید که آنچه روی‌داده، مربوط است به زمان گذشته و مکانی در همان زمان. احساس اما چیز دیگری بر زبان می‌راند و دیدگاه و توضیح اندیشه‌ورزانه را برنمی‌تابد. انگار جمع اضداد است، اجتماع اندیشه و احساس که شدنی هم نیست. سرانجام این جدایی، این خواهد بود که زندگی کردن با نزدیکان دشوار خواهد شد. رابطه صمیمی با دیگران اگرنه ناممکن که به‌سختی ممکن می‌شود. ترس از نزدیک شدن، چنان بزرگ می‌شود که هر نوع رابطه‌ای را محکوم به شکست می‌کند.

رشد طبیعی روابط جنسی، هم مختل شده و هم به احتمال تخریب. نزد برخی هر نوع رابطه جنسی می‌تواند احساس توأمان زشتی و غیرقانونی را رقم بزنند. برخی هم الگوی کهن «برون‌رفت از کالبد» را در پیش می‌گیرند و اجازه می‌دهند که

هر چه پیش آید خوش آید و تنها منتظر می‌مانند که در ادامه چه خواهد شد.

گاهی هم دیده شده که اختلال در رشد دستگاه جنسی نتیجه‌ی وارونه داشته است. اگر تجربه‌ها شامل این باشند که به این وسیله آن‌ها ارزشمند بوده‌اند و وجودشان بااهمیت شمرده شده، بدون هیچ خطر و حد و مرزی رفتار جنسی ادامه می‌یابد و در چنین موقعیتی، فرد آسیب دیده با برداشتی نادرست از شرایط، خود را در هر زمانی در اختیار هر کسی قرار می‌دهد. در این معنا بی‌بند و باری در رابطه جنسی، برآمد تجاوز بوده است.

اگر دختر یا پسری در سنین پایین اسیر چنین رفتار جنسی شود، جای نگرانی وجود دارد و باید دریافت که ریشه‌ی چنین رفتاری در کجاست؟

مطالعه‌های گوناگونی به این نتیجه رسیده‌اند که بخش بزرگی از روسپی‌ها، گذشته‌ی تجاوز جنسی از نوع عادی یا خانگی را پشت سر گذاشته‌اند.

در دنیای کوچک کودک دال و مدلول به‌راحتی جای عوض می‌کنند و واژگون می‌شوند: «مشکل از من هست.»، «باید تقصیر من باشد.» و «من بی‌ارزش هستم».

شرم و گناه برای آنچه رخ داده، در درون کودک خانه می‌کند. همین الگوی خویشتن که گناه‌کار هست و شرمگین را کودک، با خود به زندگی دوران جوانی و بزرگ‌سالی می‌برد. برای اثبات این که او کسی است مناسب و خوب، چه نیرویی باید صرف کند تا دیگران را قانع کند؟ سخت گیری قوانین چگونه است و میزان بلندهمتی دیگران چقدر؟ بنابراین باید هر آنچه ممکن است انجام داد، هر آنچه دیگران توقع دارند و شاید حتا اندکی بیشتر از انتظارشان.

کودکان در چند جبهه به مبارزه علیه آنچه تجربه کرده‌اند می‌پردازند که باید سپاسگزار اراده و خواست خویش باشند. این کارکرد باید ادامه یابد و ابزاری شود برای رهایی از تنهایی، سکوت و خاموشی. برای بعضی‌ها، اراده‌ی خروج از خویش و نگاه به روشنایی بیرون، در دوران بزرگ‌سالی‌شان رخ می‌دهد. این مهم شاید زمانی روی دهد که دیگر توانی برای مبارزه‌ی درونی باقی نمانده است.

گیرنده‌های کودک به‌تدریج متحول می‌شود. با گذشت زمان برای دریافت نشانه‌ها و شرایط خطر، باهوش‌تر می‌شود و پیرامون خود را ضمن شناخت بیشتر، ارزیابی بهتری هم از آن خواهد داشت. این تجربه در روزگار بزرگ‌سالی می‌تواند منتهی شود به اغراق در بروز احساسات در مورد مسائل دیگر زندگی: «بدیهی است که اگر چیزی در پیرامون من به‌درستی در گردش طبیعی خود نیست یا دیگرانی که در کنار من هستند، روز بدی را پشت سر می‌گذارند، گناه من است.»

کسانی که در دوران کودکی به دنیای کوچکشان تجاوز می‌شود و مرز بود و نبودشان را بر هم می‌زنند، به گاه بزرگی در تعیین حد و مرز برای خویش نیز دچار مشکل می‌شوند. بسیاری از درگیری با خویش ازیک‌طرف و ستیز با دیگران و دستگاه‌های اداری از سوی دیگر خسته‌اند. در برخورد با دستگاه‌های حمایتی، الگوهای کهن نیز دیگربار سر برمی‌آورند: «کارشناسان «می‌دانند» که چه چیز بهترین است». مقام‌های اداری بر اساس این الگو کار می‌کنند. الگویی که کارکرد امروزش باید تغییر کند، چرا که زمانه تغییر کرده. با این الگوی قدیمی و ازکارافتاده تنها می‌شود دیوار حاشای آنچه پس پشت آن و در تاریکی و تنهایی کودک رخ می‌دهد را پنهان کرد. کسی که در معرض تجاوز جنسی بوده، چگونه می‌تواند در

برابر دکتر، فیزیوتراپ، روانشناس یا مددکار اجتماعی که بر اساس واحدهای درسی دانشگاهی که همه تئوریک بوده‌اند و کارشان را به‌خوبی انجام می‌دهند، برای خود مرز و محدوده‌ای معین کند؟ پیکر زخم‌دیده دیگربار چیزی ناپسند را احساس می‌کند و با چشم بر هم زدنی او به دنیای زخم‌خورده‌ی کودکی بازمی‌گردد. راه‌حل برون‌رفت از این دشواری شاید این باشد که همان استراتژی بقا به کار گرفته شود. دوباره بخشی از پیکر از دنیای زخم‌خورده بیرون می‌آید. اکنون ظاهر خود را حفظ می‌کند و در این کار «هوشمندانه» عمل می‌کند.

از منظر اندیشه و منطق، دریافتن این‌که تجاوز مربوط است به دوران گذشته دشوار نیست. به همین دلیل هم عقل سلیم ایجاب می‌کند که برای مداوا و درمان گذشته باید بر تخت مداوا بستری شد. «مقام‌های» دولتی برای کمک و حمایت آماده‌اند.

عوارض درمان دیرهنگام در موقعیت‌های ویژه موجب می‌شود که احساسات هر نوع فرهیختگی و اندیشه‌ورزی را نادیده بگیرد. فرد آسیب‌دیده از تجاوز جنسی، به‌ویژه تجاوز جنسی خانگی، به‌خوبی می‌داند که در گذشته چه روی داده و اکنون نیز چه پیش رو است. اما مگر می‌شود با احساس با زبان اندیشه و عاقلانه سخن گفت. به همین خاطر هم آموزش کارکنان امور بهداشتی برای دریافت موقعیت بیمار قربانی تجاوز، نه از یک‌جهت که در کلیت، اهمیت دارد. کلی‌نگری از یک‌سو و مجهز شدن به سازوکارهای مفید در مواجهه با زنان و مردان قربانی تجاوز جنسی، می‌تواند آن‌ها را آماده مواجه شدن با دشواری‌های آینده کند. کارکنان بخش بهداشت و درمان باید دریابند که هر نوع درمانی در بدترین شرایط شاید برای بیمار یادآور تجربه تجاوز جنسی باشد.

مکانیــزم کنترلــی زرهــی اســت پدافنــدی کــه در موقعیــت نیـاز، حفاظـت کامـل را بـه عهـده دارد. در ضمـن نیـروی دیگـری هـم در کنـار مکانیـزم کنترلـی وجـود دارد کـه گاه حتـا کارکـردی قویی‌تـر از آن دارد: «تـرس» ـ هـراس از چیـزی کـه حتـا نمی‌دانـی چیسـت ـ می‌توانـد در خـط مقـدم قـرار بگیـرد و بـا سرسـختی فـراوان اداره‌ی امـور را بـه دسـت بگیـرد. چـرا بـه نـاگاه مـن دیوانه‌وار در تـرس و هراسـم؟ امـروز پاسـخی خردورزانـه بـرای آن تـرس نـدارم. یادمـان باشـد کـه کالبـد مـا هـم ماننـد ذهنمـان حافظـه‌ی خوبـی دارد. شـاید تـرس مـرا کمـک کنـد تـا بتوانـم بـا تـرس کـودک درونـم آشـنا شـوم. تاکنـون، تجربه‌هـای تلخ دردنـاک را در آونـدی یخ‌زده میـان تلـی از یـخ یـا در شیشـه‌ای کنسـرو شـده نگه‌داشـته‌ام. تـرس و اضطـراب شـاید کمکـی باشـد بـرای کنتـرل فشارهای سـهمگینی کـه به‌جـای دیـدن چشـم‌انداز وسـیع روبـرو، تنهـا زمیـن، آن‌هـم در محـدوده‌ای کوچـک را در برابـرم نهـاده اسـت. درواقـع چقـدر آن روزهـا می‌ترسـیدم.

ایجـاد رابطـه بـا بخش‌هـای ناشـناخته خویـش نیـز هـم هراسـناک اسـت و هـم تهدیدآمیـز. بـرای کسـی کـه غـرق اسـت در اضطـراب، تـرس دردآور و دنیـای فلج‌کننـده بی‌قـراری، پذیرفتـن این‌کـه تـرس می‌توانـد کارکـرد مفیـدی هـم داشـته باشـد، ناممکـن اسـت.

کـودک کـه در معـرض سـوء رفتـار جنسـی بـوده، از همـان دوران کودکـی تجربـه‌ی ناخوشـایندی بـرای ارتبـاط بـا کالبـد خویـش دارد. گویـا ایـن بخـش از هسـتی او آلوده‌شـده و پالـوده شـدن آن‌هـم ممکـن نیسـت. بـرای چنیـن کسـانی، غـذا هـم بخشـی از تصویـر توأمـان درد اسـت و درمـان. گاه غـذا می‌توانـد میـزان تـرس را کاهـش دهـد. گاه دخترهـای خردسـالی کـه تجربـه‌ی تجـاوز جنسـی را پشـت سـر گذارده‌انـد، بـرای این‌کـه از شـر متجـاوز رهـا شـوند یـا

میل بـه خویشتن را در او بکاهنـد، بـه خـوردن غـذا روی می‌آورنـد تـا شایـد بـه ایـن وسیله انـدام خـود را نامناسـب و زشـت بنماینـد و متجـاوز دیگـر بـه او نیندیشـد. ایـن فکـر ازآنجـا در او پیـدا می‌شـود کـه شـوربختانه جامعـه بـرای کسانی کـه انـدامی بزرگ‌تـر از معمـول دارنـد، ارزشـی قائـل نمی‌شـود. بـه همیـن سبب هم دخترک ایـن شیوه را بـرای رهایـی از دنیـای تاریـک خـود انتخـاب می‌کنـد. مواد غذایـی در ذات خـود بـد نیسـتند و بـه همیـن خاطـر هـم چـرخ و فلـک در کار هسـتند تـا لقمـه نانـی بـرای بشـر تهیـه شـود. آن‌گاه کـه احسـاس تلخـی و دردآور نمایـان می‌شـوند، شـیرینی‌ها و هـر نـوع تنقلـی می‌توانـد ایـن احسـاس تلـخ را بکاهـد. آن‌گاه کـه بـدن تجربـه‌ی تلـخ را بـه یـاد می‌آورد و تهـوع امـان از کسـی می‌بـرد، شایـد تغییـر مـزه‌ی دهـان کمـک خوبـی باشـد بـرای چرخـش بـه اکنـون.

در دنیـای کسـانی کـه قربانـی تجـاوز جنسـی بوده‌انـد، رژیـم لاغـری، سبکی اسـت مؤثر بـرای مجـازات خویشتن. چراکـه رژیـم لاغـری کارکـرد کنترلـی دارد.

اختـلال در تغذیـه در هـر شـکل آن، پدیـده‌ای اسـت شناخته‌شـده بیـن کسـانی (دختـر و پسـر) کـه در معـرض تجـاوز جنسـی بوده‌انـد. فشـارهای درونـی چنـان اسـت کـه گاه برخـی آسـیب زدن بـه خـود را انتخـاب می‌کننـد. خـودآزاری یکـی از روش‌هایـی اسـت بـرای رهایـی از دردهـا و فشـارهای زجرآور درونـی. انـگار بـه ایـن صـورت اسـت کـه فـرد می‌توانـد پیکـر خـود را دریابـد.

هنگامی کـه انسـان ازجان‌گذشـته بـا انـدوه درونـی خویـش کـه مگـر سیاهـی و سکوت دنیایـی برایـش نگذاشـته، بـا آسـیب زدن بـه خـود، آهنـگ تغییـر زندگـی دارد، بایـد فکـر کـرد و دریافـت کـه فشـارهای درونـی چـه سنگین‌انـد کـه او را دسـت بـه چنیـن کاری زده اسـت. به‌احتمـال آخریـن مـوردی کـه آن‌هـا نیـاز دارنـد کـه در دنیـای تاریـک خـود بـا آن مواجـه شـوند، داوری و کیفـر رفتـار

خویش است. شاید به همین خاطر هم کارکنان واحدهای سلامت تن و روان، زخم‌ها را بدون بی‌حسی بخیه می‌زنند که او خود نیز موجب خودآزاری و آسیب بوده است. این تجربه می‌تواند فروپاشی نیمه‌نهایی چنین افرادی باشد. برخوردهای این‌چنینی، نشان از ناآگاهی کارکنان بخش درمان تن و روان دارد. چراکه به‌جرئت می‌شود گفت، در چنین حالتی است که کارکنان باید از آگاهی‌های علمی خویش بهره بگیرند تا بیمار روحی یا جسمی را درمان کنند؛ درمان تنها دارو نیست که احترام به بیمار نیز بخشی از روند درمان است. کارکنان بخش‌های سلامت تن و روان پیش از هر نوع پیش‌داوری باید به دنبال کشف دلیل رفتار و آسیب زدن به خویش باشند.

در همین زمینه، نمونه‌های زیادی از اقدام به خودکشی وجود دارد ـ فریاد ناامیدانه برای کمک و یاری! برخی بارها دست به چنین کاری زده‌اند. انگار دریافته‌اند که تا کجا می‌توانند پیش بروند. پس از مصرف زیاد مواد مخدر که احتمال مرگ در آن است، به ناگاه دیگران را خبر می‌کنند که کمک فوری به آن‌ها برسانند. به‌این‌ترتیب، دنیای خاموش و تاریک آن‌ها، مدت کوتاهی موردتوجه دیگران قرار می‌گیرد و چند روزی هم در بخش روانی بیمارستان از آن‌ها مراقبت می‌شود. در بیمارستان یا بخش روان‌درمانی آن، اگر کارکنان؛ دکتر، پرستار و روان‌شناس، وقت کافی برای شنیدن حرف‌های بیمار نداشته باشند و یا امکان گفتگو با او را موجب نشوند که دلیل خودکشی چه بوده، می‌تواند منتهی شود به تشخیص نادرست و درمانی که بار سنگین تجاوز جنسی را بیشتر هم می‌کند.

گروهی از کسانی که در معرض تجاوز جنسی بوده‌اند، دارو و آرام‌بخش‌ها برای مدت کوتاهی کارکرد خوبی دارند. برخی هم دریافته‌اند که کارکنان بخش روان‌درمان برای شنیدن حرف‌های

آن‌ها وقت ندارنـد؛ بـا ایـن بهانـه کـه آنچـه می‌گویـی موجـب ناآرامـی و آشـفتگی در بخـش می‌شـود، بـه آن‌هـا فرصـت حـرف زدن در مـورد تجـاوز جنسـی داده نمی‌شـود؛ بنابرایـن، کمبـود وقـت لازم، عـدم قطعیـت و شـاید کمبـود آگاهی‌هـای علمـی می‌تواننـد منتهـی شـوند بـه این‌کـه رفتارهـای غیرمعمـول بیمـار یا گاه خشـم او از درمان‌هـای نادرسـت، منجـر بـه مجـازات او شـود کـه انتقـال بـه بخش‌هـای انفـرادی و داروهـای بی‌مـورد برآمـد آن اسـت. در چنیـن شـرایطی، فـرد قربانـی تجـاوز جنسـی نه‌تنهـا درمان‌نشـده کـه دنیـای سـیاه و خامـوش او نیـز ژرف‌تـر می‌شـود.

در مرکـز روان‌درمانـی ویـژه قربانی‌هـای تجـاوز، گاه کسـانی کـه مـورد تجـاوز واقع‌شـده‌اند بـرای درمـان شـرایط روحـی خویـش کـه برآینـد فشـارهای سـال‌ها سـکوت و سـیاهی بـوده اسـت، مراجعـه می‌کننـد تـا بـا روش‌هـای کنتـرل شـده‌ی روانـی نیـز بـار سـنگین درد را از دوش خـود بردارنـد. بااین‌همـه، هنـوز هـم خواهـان افشـای نـام و نشـان خـود نیسـتند. چارچـوب کار بـا چنیـن کسـانی ایـن اسـت کـه نبایـد بـه خـود و دیگـران آسـیب برسـانند؛ امـا بـرای خالـی کـردن عقده‌هـای درونـی لگـد زدن و گاه زدن خویـش تـا مرزهـای تعییـن شـده کـه امنیـت جانـی او حفـظ می‌شـود، مجـاز اسـت. در کارگاه‌هـای ویـژه درمانـی، جعبه‌هـای سـاخته شـده از مقـوا را در اختیـار آن‌هـا قـرار می‌دهنـد کـه هـم پـاره کردن‌شـان آسـان اسـت و هـم تنش‌هـای درونـی را می‌کاهـد. یکـی از راه‌هـای دیگـر آن اسـت کـه کاغـذ روزنامـه در اختیـار آنان قـرار می‌گیـرد تـا در هـم بپیچند و از آن بسـته‌ی بـزرگ اسـتوانه‌ای شـکل بسـازند کـه هـم مقـاوم باشـد و هـم به‌راحتـی در هـم نریـزد و پـاره نشـود. گروهـی ایـن روش را کارسـاز دانسته‌اند. آن‌هـا می‌گوینـد کـه بسـته بـزرگ کاغـذ روزنامـه، چنـان مقـاوم اسـت کـه هرچـه بـه درودیـوار می‌کوبـی پـاره نمی‌شـود. این‌هـا بـا فریـاد بسـته را حتـا بـه تخت‌خواب خـود

می‌کوبند و به‌این‌ترتیب خشم نهفته را در درون را بیرون می‌ریزند تا زندگی روزانه‌شان از شر این خشم رها شود. گاهی حتا در هنگام کوبیدن کاغذ به دیوار و فریادهای بلند، برخی از قربانیان، نام متجاوز را به زبان می‌آورند و او را نفرین می‌گویند و ناسزا.

برای بیشتر مفید واقع‌شدن این تمرین‌ها لازم است که همیشه یکی از کارکنان یا کسی که بیمار به او اعتماد دارد حضور داشته باشد. حضور دیگری موجب می‌شود که خشم و طغیان درونی بروز داده شود و به گاه کم شدن توان جسمی، فرد بتواند مراقبت‌های لازم و دلداری‌های ضروری به او بدهد. به‌این‌ترتیب، احساس‌های زخمی نیز از او گرفته می‌شود و سلامت روان به او برمی‌گردد. حضور دیگری مفید است چرا که هنگامی‌که اشک جاری می‌شود، کسی باشد که او را در آغوش بگیرد و دلداری بدهد. در حین این تمرین‌ها کسانی هستند که برای ترمیم احساس خود فرشی نرم را دور خود می‌پیچند. چرایی این کنش روشن است؛ این‌ها هنوز هم یاد تجربه تجاوز در ذهنشان هست و از هر نوع تماس با دیگری بیزارند. به همین دلیل هم استفاده از پتویی نرم یا گاه خرسکی را بر تماس با انسان، ترجیح می‌دهند.

ناامیدی و افسردگی زندگی این افراد را نابسامان می‌کند. آن‌هایی که به‌واقع به دنبال خودکشی هستند، اغلب برنامه‌ریزی دقیقی دارند که پیرامونیان به‌هیچ‌وجه متوجه آن نشوند. شاید نماد بیرونی آن شاهد اجتماعی بودنشان است و خوش اخلاقی. همین نشان ساختگی نیز جامعه را فریب می‌دهد که همه‌چیز به روال عادی خود برگشته و چرخ در مسیری درست می‌چرخد. پس با بروز خودکشی، این کردار برای ما غیرقابل درک و فهم است؛ - همه‌چیز خوب و به روال عادی می‌نمود! کمک رسانی به این گروه که ظاهری بهنجار دارند اما در

درون خواهان خودکشی هستند، ناممکن است که آن‌ها برنامه را به‌گونه‌ای پیش می‌برند که هیچ‌کس متوجه نشود.

در جامعه می‌توان شاهد بی‌شمار عوارض جانبی درمان نابهنگام، کودکانی باشیم که در معرض تجاوز جنسی به‌طور عام و تجاوز جنسی خانگی به‌طور ویژه بوده‌اند. نمونه‌ی آن رفتار ناآرام کودک است در طول زمان و به‌طور مداوم است. برخی به‌راحتی بی‌قراری خویش را نشان می‌دهند. دیگرانی هم هستند که با استفاده از روش‌های گوناگون، خود را از دید دیگران دور می‌کنند. این‌ها از حضور در جمع ترس دارند. کسانی هم هستند که رفتاری کاملن متفاوت دارند؛ یعنی، مدام در جمع شرکت می‌کنند و فردی می‌شوند اجتماعی و در مناسبت‌های مختلف، جایگاهی ویژه نزد دیگران دارند که گاه آن‌ها را قهرمان اخلاق و رفتار می‌نامند. همین قهرمان‌ها، در درون، هم تنها هستند و هم ترس در دل دارند؛ کودکانی (دختر و پسر) بی‌پناه و سرگردان هستند.

عوارض جانبی گوناگون، می‌توانند منبعی باشند برای زندگی در آینده. نمونه آن گوش شنوا نداشتن فرد متجاوز است که حتا به فریادهای قربانی هم اهمیت نمی‌دهد و یا برعکس، صدای خاموش او و در تاریکی و تنهایی که به گوش هیچ‌کس نرسیده. این تجربه، موجب می‌شود که او در برابر هر صدایی در آینده، حساس باشد. برخی از آن‌ها این ویژگی حساس بودن به صدا و شنوایی را در حرفه خود به کار می‌گیرند؛ کارهایی مثل امور فنی موزیک، موسیقی یا کارهایی شبیه این‌ها.

ازآن‌جا که تجربه‌ها متفاوت هستند و ازآن‌جا که هر یک از ما برای مقابله با رویدادها روش‌های گوناگونی را انتخاب می‌کنیم، تأثیرگذاری‌ها هم یک‌شکل نیستند. برخی از پس این دشواری‌ها برمی‌آیند، درحالی‌که دیگران نه؛ بنابراین، مناسبت

دارد کـه از خـود بپرسـیم، مشکلات عـادی نـزد مـردم عـادی چیست و دشــواری‌های ویـژه بـرای کسـانی کـه قربانـی تجـاوز جنسـی بوده‌انـد چیسـت؟ آسـان‌ترین راه ایـن اسـت کـه هرگونـه نارسـایی در زندگـی را گنـاه تجـاوز و تجاوزگـر دانسـت. بدیهـی اسـت کـه بـرای رفتـاری نابهنجـار کـودک دلیل‌هـای زیـادی وجـود دارد؛ امـا برخـی از نشـانه‌های نابهنجـار رفتـاری برآینـد آسـیب‌دیدگی جسـم و روان هسـتند. نتیجـه یـک پژوهـش نشـان می‌دهـد کـه کـودکان قربانـی تجـاوز جنسـی، به‌طـور متوسـط بـا مشکلات بیشـتری نسـبت بـه دیگـر کـودکان مواجـه می‌شـوند. میـزان و درجـه مشکلات ایـن کـودکان به‌طورمعمـول بزرگ‌تـر از دیگـران اسـت. تجربـه هـم نشـان داده اسـت کـه نتیجه‌گیـری ایـن پژوهـش درسـت اسـت.

هزینه‌های اجتماعی ناشی از تجاوز جنسی

آسیب‌های جسمی و روحی می‌توانند پسامدهای پرهزینه‌ای برای جامعه داشته باشند. آشکارترین آن‌ها چیزهایی است که به ذخیره پول جامعه دستبرد می‌زنند.

بر اساس آنچه «پس‌زمینه‌های تجاوز جنسی» نام گرفته، می‌شود پرسش‌هایی طرح کرد تا شاید پول کم‌رنگ‌تر شود و واقعیت دیگری خودنمایی کند. زمانی که از کارشناسان امورمالی خسارت‌های ناشی از عوارض اجتماعی پرسیده می‌شود، آن‌ها به مناسبت حرفه‌ی خود همه‌چیز را در قالب عدد و رقم نشان می‌دهند و نمود نهایی آن‌هم مبلغ زیان و ضرر است. اما باید از همین کارشناسان پرسید که آیا محاسبه زیان و خسارتی که به کودک قربانی تجاوز جنسی وارد می‌شود، آن‌هم در شکل تومان و ریال، امکان‌پذیر هست؟

بگذارید گمان کنیم که یکی از نزدیکان؛ پدر یا مادربزرگ، آموزگار، مربی ورزشی یا هر کس دیگری که کودک به او اعتماد دارد، از شک به این یقین می‌رسد که یکی از والدین، کودک را مورد تجاوز جنسی قرار می‌دهد. پرسش محوری اکنون این است که آن فرد چه خواهد کرد؟ به کدام نهادهای دولتی یا غیردولتی خبر می‌دهد؟ هزینه‌ی چنین کنش زشتی از سوی تجاوزگر و خاموشی احتمالی نزدیکان چقدر خواهد

بود؟ مبلغی آیا می‌شود تصور کرد؟ خسارتی که بر روح و روان کودک وارد می‌شود، قابل محاسبه نیست.

اکنون ببینیم که روند نگرانی یکی از نزدیکان به ارتکاب تجاوز جنسی توسط یکی از والدین تا رسیدگی دادگاه چگونه خواهد بود. به‌عمد همه‌ی مراحل را به‌صورت پرسشی می‌نویسم تا روشن شود که آیا این قاعده رعایت می‌شود؟

- آیا کودک را برای معاینه پزشکی به دکتر یا بیمارستان نشان می‌دهند؟

- سازمان‌های حمایت از حقوق کودکان وارد جریان می‌شوند و اگر نزدیکان نگرانی خویش را به آن‌ها اعلام کرده باشند، کمک‌های لازم برای جلوگیری از خسارت‌های بیشتر روحی شروع می‌شود؟

- برای درمان کودک، برنامه‌ریزی لازم انجام می‌شود؟

- دست‌کم یکی از والدین برای همراهی بیشتر با کودک قربانی تجاوز جنسی، با حقوق مرخصی داده می‌شود؟

- مورد تجاوز به پلیس گزارش می‌شود و پلیس به هنگام روند قانونی را شروع می‌کند؟

- پرسش از کودک توسط کارشناسان آگاه و خبره کار انجام می‌شود؟

- بدون توجه به این‌که والدین در چه شرایط مالی هستند، اداره حمایت از کودکان، برای بررسی بهتر وکیل در اختیار خانواده قرار می‌دهد؟

- کارشناس‌های حرفه‌ای به‌عنوان متخصص وارد پرونده می‌شوند؟

- در چنین مواردی، شوربختی بیشتر می‌شود و پدر و مادر از هم جدا می‌شوند؛ آیا دستگاه‌های حمایتی لازم وجود دارد تا از پدر یا مادر که فرزند را با خود دارد، حمایت مالی، حقوقی و اجتماعی کند؟

- برای فشار کمتر بر پدر یا مادر که کودک را با خود دارد، آیا فرد قابل‌اعتمادی پیدا شده که تعطیلات آخر هفته یا یک روز میان هفته، از کودک مراقبت کند تا والد استراحت نماید؟

- اگر کودک قرار است با والدی که گفته شده به او تجاوز شده، دیداری داشته باشد، آیا کسی تعیین شده که در این دیدار همراه کودک باشد؟

- با تمام این تمهیدات، آیا پلیس و مقام‌های قضایی پرونده را به هر دلیلی، مخدوم اعلام نمی‌کنند؟

- اگر چنین شود، شکایت رسیدگی مجدد به پرونده انجام می‌شود؟

- اگر دادگاه تجدیدنظر تشکیل شود، آیا همه‌ی افراد و نهادهای لازم؛ متخصص‌ها، شاهد، وکیل، هیئت‌منصفه، قاضی و ... بر اساس عدالت و انسانیت کار خود را انجام می‌دهند؟

- گاه مظنون، به خاطر نبود شواهد لازم و کافی تبرئه می‌شود. پرسش این است که برای کاری انجام شده پس پشت دیوارهای بلند خانه، در زیرزمینی تاریک و تنها یا در اتاقی که چند نفر در آن زندگی می‌کنند و شب، در تاریکی و اعتماد چنین کنش زشتی انجام می‌شود، چگونه می‌شود مدرک و شاهد ارائه کرد؟

بـا برخـورد این چنینـی دادگاه، گاه مظنـون از کسـانی کـه او را بـه دادگاه کشـانده‌اند شکایت و بـه جـرم افتـرا، تقاضـای خسـارت می‌کنـد.

این‌کـه دادگاه چـه تصمیمـی می‌گیـرد، بـه ایـن جسـتار مربـوط نیست. پـس بـه کـودک و خانـواده برگردیـم کـه در درازمـدت بـه مراقبت‌هـای زیـادی نیـاز دارنـد. بـا تجـاوز و برمـلا شـدن آن، کـودک کوله‌بـاری را بـر پشـت می‌کشـد کـه هرگـز نمی‌توانـد آن را از خـود دور کنـد. سنگینـی ایـن کوله‌بار چنـان اسـت کـه گاه برخـی از کـودکان در دوران بزرگ‌سـالی بـا عواقب جـدی آن روبـرو می‌شـوند.

تصـور کنیـد کـه چنـد زن یا مـرد بـه پزشـک مراجعـه کرده‌انـد؛ از درد خـود بـدون نـام بـردنٔ از ریشـه‌ی آن، گفته‌انـد، امـا درمـان نشـده‌اند. این‌چنیـن دردهـا، افـزون بـر انـواع مختلـف داروهـا، بـه همراهـی و همدلـی نیـاز دارنـد تا فرآینـد درمـان مؤثر باشـد.

برآمـد دردهـای ناشـی از تجـاوز، موجـب مرخصی‌هـای بلندمـدت اسـتعلاجی و درنهایـت ازکارافتادگـی زودرس می‌شـود کـه هزینـه سنگینـی بـرای جامعـه دارد. در ایـن معنـا، تجـاوز جنسـی بـه کـودک از حضـور اجتماعـی و تخصـص یـک نفـر کـه می‌توانسـت بـرای جامعـه مفیـد باشـد، جلوگیـری کـرده و او را بـه ژرفـای تنهایـی و افسـردگی سـوق داده اسـت. هزینه‌هـای روان‌شناسـی بـرای برون‌رفت از ایـن شـرایط پیش‌آمـده را آیـا می‌شـود بـا مقیـاس پـول سـنجید؟ آیـا نـام عمومـی «تجـاوز جنسـی» بـرای بررسـی همـه‌ی مـوارد درسـت اسـت؟ نـه! پیش‌زمینه‌هـای هیچ‌یـک از مـوارد تجـاوز جنسـی و به‌ویـژه تجـاوز جنسـی خانگـی بـه کـودکان مشـابه هـم نیسـتند. هزینـه سـنگین عدم‌تمرکـز کودکانـی را کـه مـورد تجـاوز جنسـی بوده‌انـد را چگونـه می‌شـود در قالـب رقـم و عـدد نمایـان سـاخت؟ کـودک در کلاس درس به‌جـای معلـم، هم‌کلاسـی و تخته‌سـیاه،

هیولاهایی را می‌بینند که برای هیچ‌کس قابل‌تصور نیست. بنابراین میزان آموزش او کاهش می‌یابد که گاه هرگز دلیل آن شناخته نمی‌شود.

عوارض رسیدگی دیرهنگام به بیماری جسمی و روانی کودک قربانی تجاوز جنسی، موجب می‌شود که نوع بیماری به‌درستی تشخیص داده نشود و شاید هرگز شناخته نشود. گاه اتفاق افتاده که کسانی تاب تحمل این‌همه درد و رنج را از دست می‌دهند و به همین دلیل هم با ناهنجاری‌های رفتاری که با اصول و قاعده‌ی اجتماع ناهماهنگ است، ناخشنودی خویش را نشان می‌دهند. نمونه‌ی این ناخشنودی‌ها گرفتار آمدن در دام اعتیاد به مواد مخدر و مشروبات الکلی و دست زدن به کارهایی که جرم است، می‌باشد.

با کدام میزان و مقیاس، برآورد چنین هزینه‌هایی ممکن است؟ آیا هیچ کارشناس اقتصادی جرئت می‌کند این‌همه هزینه‌های سنگین را برآورد و جمع آن را اعلام کند؟

ترمیم این نارسایی‌ها پرهزینه است. سیاست جلوگیری از چنین کنش‌هایی اگر با برنامه‌ریزی دقیق اجتماعی باشد، سودمند خواهد بود. خوشبختانه اکنون در نروژ برنامه‌هایی تدارک دیده شده که کارشناسان به مدرسه‌ها می‌روند تا به دانش‌آموزان بیاموزند که چگونه با این پدیده برخورد کنند و اگر موارد نگران‌کننده‌ای را شاهد بودند، با چه کسی در میان بگذارند. به آن‌ها آموزش داده می‌شود که رفتارهای نگران‌کننده کدام‌اند و دریابند که چرا کسی می‌خواهد حقیقت زشتی را که تجربه کرده است پنهان کند. به دانش‌آموزان دبستانی توضیح داده می‌شود که تجاوز جنسی یعنی چه و تجاوز جنسی خانگی چه پیامدهایی دارد. به آن‌ها گفته می‌شود که گناه چنین کنش زشتی تنها به گردن بزرگ‌سالی است که مرتکب این کار

می‌شـود. از آن‌هـا خواسـته می‌شـود کـه اگـر بـار سـنگین تنهایـی و رنـج چنیـن کنـش زشـتی را در کولـه خـود دارنـد، بـا ارتبـاط گرفتـن بـا یکـی از کسـانی کـه بـه او اعتمـاد دارنـد، ایـن راز را بـرای او بگوینـد تا دوره‌ی درمـان و زمیـن گذاشـتن بـار سـنگین از دوش‌هـای کوچک او شـروع شـود.

آنچـه از اهمیـت زیـادی برخـوردار اسـت، بـاور داشـتن کـودک اسـت. پس‌ازایـن کـه او را بـاور کردیـم، بایـد بـه او اطمینـان و اعتمـاد بدهیـم کـه آسـیبی بـه او وارد نخواهـد شـد. (مگـر نـه این‌کـه بـه او گفتـه شـده اگـر ایـن راز را بـرای کسـی بگویـد، آبرویـش می‌رود، انگشـت‌نما می‌شـود و حتـا شـاید کشـته می‌شـود).

سـخن آخـر این‌کـه؛ وظیفـه‌ی هـر شـهروندی اسـت کـه در صـورت مشـاهده شـرایط نگران‌کننـده بـرای کـودکان و نوجوانـان پیرامـون خـود، آن را بـه نهادهـای مربوطـه گـزارش کنـد. یادمـان باشـد کـه ما تنهـا گـزارش می‌کنیـم؛ امـا بررسـی و داوری بـه عهـده‌ی نهادهایـی اسـت کـه تخصـص ایـن کار را دارنـد.

چاره‌جویی

درد داغ‌دیده را بـرادر کشـته می‌دانـد. بایـد دردکشـیده باشـی تا بدانـی چـه فشـار روحـی و جسـمی روز و شـب را تیـره و تـار می‌کنـد و فرصت اندیشـیدن نمی‌دهـد. بنابرایـن بایـد دردمنـد بـود و بـرای درک بهتـر سنگینی بـار آن بایـد بـه محیطی رفـت و موضوع را تحقیق کـرد کـه معنـای درد را بداننـد. در بیـن چنین کسـانی، می‌تـوان بـدون هیـچ توضیـح اضافـی بـه آنچـه در نظر است رسـید. این‌هـا اگـر در بـه روی کسـی بگشـایند و سـفره‌ی دل نیـز برمـلا کننـد، تاریکی و خاموشی‌شـان شـاید روزنـی بـه‌سوی نور و روشـنایی بیابـد.

هرگـز نخسـتین دفعـه‌ای را کـه در برابـر زنـگ در اداره‌ی حمایت از آسـیب‌دیدگان اجتماعـی ایسـتاده بـودم را فرامـوش نمی‌کنـم؛ لـرزان و سـرد بـا طپـش شـدید قلـب. تجربـه بـه مـن آموختـه بـود اگـر کارمنـدی کـه قـرار اسـت بـا او گفتگـو کنـی خـود نیـز درد کشـیده باشـد و چنیـن تجربـه تلخـی را پشـت سـر گذاشـته باشـد، چقـدر راحـت می‌شـود بـا او ارتبـاط برقـرار کـرد و حکایت زشـتی و پلشـتی را بـدون هیـچ پرسـش اضافـی و یـا کلامـی بیهـوده بـا او در میـان گذاشـت. ایـن مرکـز بـه روی همگان بـاز نیسـت و همـه‌ی کسـانی کـه آن‌جا کار می‌کننـد و یـا مراجعه کننـده هسـتند، وظیفـه‌ی رازداری دارنـد. در آن‌جـا بـه کمـک بـه خودیاری نیـز روشـی اسـت که اسـتفاده می‌شـود. در ایـن مرکـز کسـانی کـه در معـرض تجاوز

جنسی بوده‌اند، کسانی مانند خود را دیدار می‌کنند. در آن‌جا تجربه‌ها به اشتراک گذاشته می‌شود و شاید نکته‌ای از سوی دیگران در مورد چگونگی از عهده برآمدن از پس دیوار بلند حاشا که چالش همه‌ی این افراد است، به دیگران منتقل شود. در این مرکز کسانی که تجاوز جنسی را تجربه کرده‌اند یکدیگر را کمک می‌کنند، به یکدیگر روحیه می‌دهند و تشویق می‌کنند که راه رفته را دوباره برنگردند. سیاهی را باید نقطه پایان گذاشت. همه نوع کمکی در این مرکز وجود دارد و رایگان است. می‌شود در گفتگوی تک‌نفره با یک کارمند شرکت کرد، می‌شود در گروه درمانی شرکت کرد و یا حتا اگر جرئت کافی به دست آورده باشی، در بحث‌های رسانه‌ای نیز با یا بدون نام اصلی حضور داشت و از پلشتی و زشتی تجاوز جنسی و بار سنگینی که از کودکی تا بزرگ‌سالی بر دوش تجاوز شده است، با دیگران صحبت کرد. می‌شود در دوره‌های آموزشی شرکت کرد و یا تنها به آن مرکز آمد و ناظر بود. در این‌جا برای مراجعه‌کنندگان پرونده تشکیل نمی‌شود که بایگانی شود؛ برنامه‌ریزی چنین است که خود قربانیان تجاوز جنسی اداره زندگی خود را در دست دارند و بهترین راه‌های ممکن برای برون‌رفت از مشکلات روحی و جسمی را پیدا می‌کنند. آن‌ها خود انتخاب می‌کنند که از کدام برنامه مرکز استفاده کنند و چه مدت. به‌طور معمول، پس از کنش زشت متجاوز، زمان زیادی لازم است تا قربانی بتواند به این نقطه برسد که: «من خود برای زندگی‌ام تصمیم می‌گیرم!» هیچ دستورالعمل از پیش تعیین شده‌ای که برای همگان مناسب باشد، وجود ندارد. در این معنا، هر کس باید خود نیز راه خود را بیابد.

تجربه به من نشان داده است که امکان خوددرمانی برای حل مشکل نیز وجود دارد. اگر این راه پیدا شود، زندگی بهتر روزانه

ممکن می‌شود. در فرایند زمان، من نیز افزار لازم را یافته‌ام. در روزهای سختی که موج‌های سنگین زمان بیم تاریک کردن دوباره زندگی دارد، با استفاده از همین افزار است که من می‌توانم گفتمان احساس را بشناسم و هویت درونی آن را روشن کنم. به‌این ترتیب، می‌توانم احساس برآمده را در جایی مناسب جای‌سازی کنم؛ جایی که احساس به آن تعلق دارد. اگر چنین شود، امکان برون‌رفت از چهاردیواری تنهایی و سیاه پیش‌آمده آسان‌تر و زودتر شکل می‌گیرد.

برخی از کسانی که قربانی تجاوز جنسی خانگی بوده‌اند از سوی مردمی که پیرامون او هستند، خوار و خفیف شمرده می‌شود و انگار که داغ ننگی بر پیشانی دارد. آنگاه که نقش قربانی به کسانی که مورد تجاوز جنسی خانگی بوده، بچسبانند، می‌شود با حسن نیت و از روی ترحم، او را کمتر به جمع آورد، نگاهی فرودست به او داشت و گذاشت در تنهایی خویش بار سنگینی را که دیگران بر دوش او گذاشته‌اند را تا پایان عمر بر دوش بکشد. راه‌حلی که مشکل‌گشا است و نه منطقی. راه‌حلی که پیشرفت و تحولی برای قربانی در پی ندارد!

بنابراین با توجه به تجربه‌ی خوددرمانی، و آنچه قربانی‌ها بیان کرده‌اند، در شرایط بحران‌های بزرگ زندگی، این افراد راحت می‌توانند از پس شرایط دشوار پیش‌آمده برآیند. چراکه این‌ها پیش‌ازاین چنین موقعیت دشواری را تجربه کرده‌اند و به همین دلیل هم بهتر از کسانی که تنها روزهای خوش و بی‌دغدغه‌ی زندگی را پشت سر گذاشته‌اند می‌توانند در بحران‌های پیش‌بینی نشده، با استفاده از تجربه‌های تلخ پیشین خود، از پس مشکل برآیند.

برخــی از قربانیــان تجـاوز جنسـی، حتــا در دوران بزرگ‌ســالی هــم تجربه‌ی تلـخ پیشـین خـود را بهانه‌ای می‌کننـد کـه هـر نـوع چالـش و مبارزه‌ای را ندیـده بگیرنـد. آنچـه اینـان می‌کننـد؛ درواقع انتخـاب یـک‌راه اسـت. آنچـه اسـتواری و مقاومـت می‌طلبـد، از آن فـرار می‌کننـد و روی‌گـردان هسـتند. بـه همیـن دلیـل هـم آن‌هـا اندیشـه‌ای ثابـت و منکـوب شـده خواهنـد داشـت و هـر نـوع درمانـی را هیولایـی می‌داننـد کـه هراسـناک کـه قـرار اسـت بازهـم تکـرار کننـده‌ی همـان پلشـتی دوران کودکـی باشـد.

قربانی کیست؟

کـودک بی‌گنـاه و بی‌دفاعـی کـه در برابـر کـردار پلشـت کـس دیگـری قـرار دارد کـه دارای رشـد عقلـی اسـت امـا دیوانـه روابـط جنسـی، نـه تـوان توقـف متجـاوز را دارد و نـه حتـا امکان فـرار از آن را. کـودکی کـه موجب سـرفرازی بزرگ‌سـالان پیرامـون خـود بـوده و انتخابـی مگـر تسـلیم نداشـته، قربانـی تجـاوز جنسـی اسـت.

بـا همـه‌ی درد و اندوهـی کـه هـر کـردار نادرسـت بـرای انسـان بـه بـار مـی‌آورد، بزرگ‌سـال‌ها؛ زن و مـرد، خـود نیـز کاری کـه مـی‌کننـد را انتخـاب مـی‌کننـد. همیـن مـورد همـواره در ذهـن تجـاوز شـده احسـاس شـرم و ازخودبیگانگـی مـی‌دهـد کـه حـق انتخـاب نداشـته اسـت. بـرای فـرار از ایـن اندیشـه و راهـی دیار نـور شـدن، روش‌هـای درمانـی فراوانـی یافـت مـی‌شـود کـه گاه خوددرمانـی اسـت و گاه گرفتـن کمـک از کارشناسـان اسـت. بـا چنیـن کنشـی، آن‌هـا تـلاش مـی‌کننـد کـه از شـرایط قربانـی بیـرون برونـد و تبدیـل شـوند بـه کسـی کـه در معـرض تجـاوز جنسـی بـوده و نـه قربانـی محـض.

در گفتمان‌هـای روزانـه، حتـا از سـوی روشـنفکران جامعـه، بایـد واژه‌هـا چنـان گزیـده شـوند کـه معنـای واقعـی خـود را نمایـان کننـد. نمونـه‌ای مـی‌آورم: روزنامه‌نگاری بـه یکـی از مرکزهـای خودیـاری تلفـن مـی‌کنـد و مـی‌گویـد کـه مـی‌خواهـد بـا یکـی از قربانی‌هـای

تجـاوز جنسـی گفتگـو کنـد. در پاسـخ می‌شـنود کـه: در این‌جـا مـا قربانـی نداریـم، بلکـه کسـانی را داریـم کـه در معـرض تجـاوز جنسـی خانگـی بوده‌انـد. زبانـی را کـه بـه کار گرفتـه می‌شـود را متوجـه هسـتید و تفـاوت آن را هـم؟ چگونگـی کاربـرد واژه‌هـا بـرای مـا اهمیـت زیـادی دارد.

از سـوی کسـانی کـه پیرامـون مـا هسـتند شـاهد ایـن نشـان هسـتیم کـه بایـد گذشـته را پشـت سـر بگذاریـم و رو بـه آینـده داشـته باشـیم. بـاور کنیـد، آرزوی همـه‌ی مـا کـه در معـرض تجـاوز جنسـی خانگـی بوده‌ایـم، همیـن اسـت. اگـر انجـام ایـن فراینـد بـه ایـن آسـانی بـود، بی‌تردیـد خیلـی وقـت پیـش چنیـن کاری کـرده بودیـم. همـاره در ایـن فکـر هسـتیم کـه چگونـه می‌شـود ایـن گذشـته زشـت و پلشـت را پشـت سـر گذاشـت. تصمیـم ایـن کار اگـر گرفتـه شـود، گذشـته پشـت سـر گذاشـته می‌شـود و زندگـی و آینـده پیـش روی قـرار می‌گیـرد. بعـد چـه می‌شـود؟

در یـک روز نامنتظـره مـا در برابـر پدیـده‌ای قـرار می‌گیریـم کـه در پس‌زمینـه ذهنی‌مـان بایگانـی شـده بـوده اسـت و وامی‌داردمـان کـه تلوتلـو وارد سـوراخی بشـویم کـه کنـارش گذاشـته بودیـم. پیکـر مـا حافظـه‌ای قـوی دارد. بـا چشـم بـه هـم زدنـی دیگربـار بـه همان‌جایـی می‌رسـیم کـه قـرار بـود فراموشـش کنیـم؛ جایـی در ژرفـای چاهـی ویـل کـه مگـر آب و گِل چیـزی نیسـت. حـالا بایـد بازهـم از تـه چـاه بـالا آمـد و خمـره‌ی (منظـور گذشـته‌ای اسـت کـه قـرار بـوده فرامـوش شـود) در بسـته را سـر جـای خـود گذاشـت. شـاید بـا همـه‌ی تـوان آن را به‌جایـی دور پـرت کنیـم کـه بـه ایـن نتیجـه رسـیده‌ایم کـه پـا جـای پـای گذشـته گذاشـتن کفایـت می‌کنـد.

بـرای همـه‌ی کسـانی کـه در معـرض تجـاوز جنسـی خانگـی بوده‌انـد هـدف ایـن اسـت کـه روشـی بیابنـد تـا بتواننـد بـا آن در

کنار تجربه‌ی تلخ تجاوز زندگی کنند.

چه کسی می‌گوید هدفی است ساده و آسان؟

کوله‌بار تجربه‌های تلخ هرگز زمین گذاشته نمی‌شود. ولی در حین روند درمان، متوجه می‌شویم که چه پیش آمده و چگونه کرداری پلشت، زندگی ما را تاریک کرده است. همین برداشت شاید موجب پدیداری تجربه‌ی «اندوه و غم» برای از دست رفتن دوران کودکی و نوجوانی شود.

اکنون‌که شرایط و موقعیت کسانی که در معرض تجاوز جنسی بوده‌اند، روشن شد، یافتن هدف و امکان‌های لازم برای دست یافتن به آن راحت‌تر است. بدیهی است که روندی است چندساله و آرام.

گفته‌شده که: «با شرکت در روند درمان، زندگی من تغییر کرد.» کسی را ندیده‌ام که از شرکت در چنین درمان‌هایی ناراضی باشد. با درمان است که زخم‌های چرکین سر باز می‌کنند، تمیز می‌شوند و امکان بهبودی ممکن می‌شود. با درمان زخم، جای آن را شاهد هستیم اما دیگر درد ندارد.

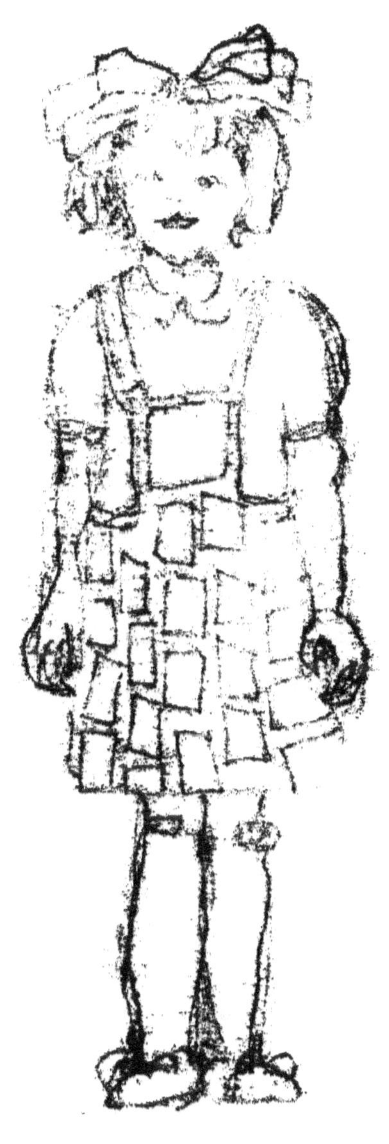

شعرگونه‌ها

خانـم یونـی ونکـه لیندبرگ (Unni Wenche Lindberg) ادعـای شـاعری نـدارد و رنج‌هـای خـود را به‌صـورت شـعرگونه سـروده است. بنابرایـن در خوانـش بخـش دوم بـه ایـن موضـوع توجـه شـود و اگـر سـاختار شـعر کـه مـن هـم می‌شناسم‌شـان رعایـت نشـده به ایـن دلیـل اسـت کـه ایشـان بـرای انتقـال تجربـه‌ی تلـخ خویـش از ایـن شـکل کـه مـن شـعرگونه نامـاش داده‌ام اسـتفاده کـرده اسـت. در ایـن معنـا نبایـد انتظـار داشـت کـه ازآنچـه خوانـده می‌شـود، معانـی نـاب شـعر در سـاختار شـاعرانه برآیـد.

هـدف ایـن کتـاب نـه سـاختار و معنـای شـعر کـه انتقـال تجربه‌هـای تلخـی اسـت کـه منحصـر بـه نـروژ نمی‌شـود و در هرکجـای کـره‌ی خاکـی ممکـن اسـت رخ دهـد.

امیـد کـه بـا خوانـش ایـن کتـاب، تابـوی بازگویـی تجاوزهـای جنسـی ریختـه شـود و تـرس از آبـرو و شـرف خانوادگـی، بـار سنگین تجـاوز را بـر دوش کودکانـی کـه در معـرض تجـاوز جنسـی خانگی بوده‌انـد، نگـذارد. چنانچـه بعـداز انتخابـات سـال هشتادوهشت و اعتراض‌هـای خیابانـی بـرای اولیـن بـار به‌طـور عمومـی تجربـه تجـاوز زندان‌بان‌هـا بـه زندانیـان افشـا شـد، باشـد کـه در مـورد تجاوزهـای خانگـی هـم تابـو شکسـته شـود و انـزوا و تنهایـی کـودکان روا داشـته نشـود.

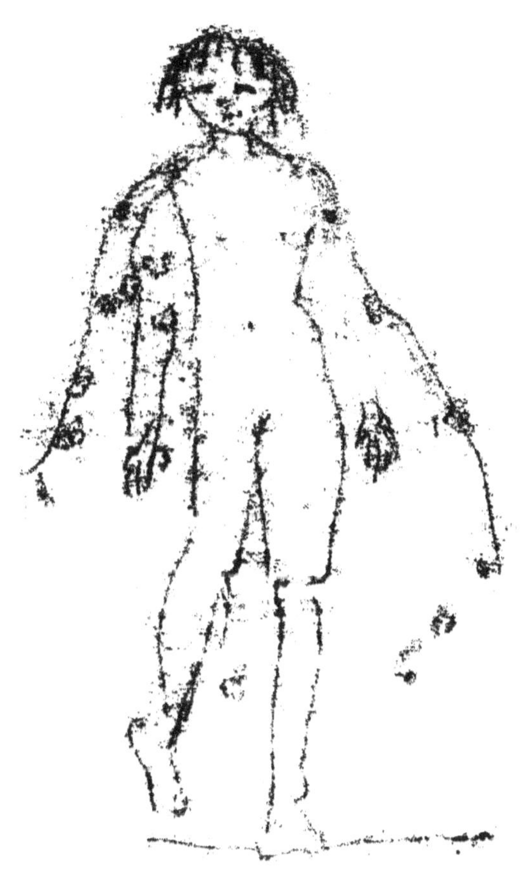

گُل سرخ

گُلی سرخ
خوشبو و با
طراوت شبنم
آفرینشی است کامل
در چشم ما

گُل سرخ
وحشیانه سرقت می‌شود
گلبرگ به گلبرگ
تا کاسبرگی بیش نماند

تنها
کاسبرگ
بر ساقه مانده
بی‌طراوت و رایحه
انگار که هرگز گُلی نبوده باشد.

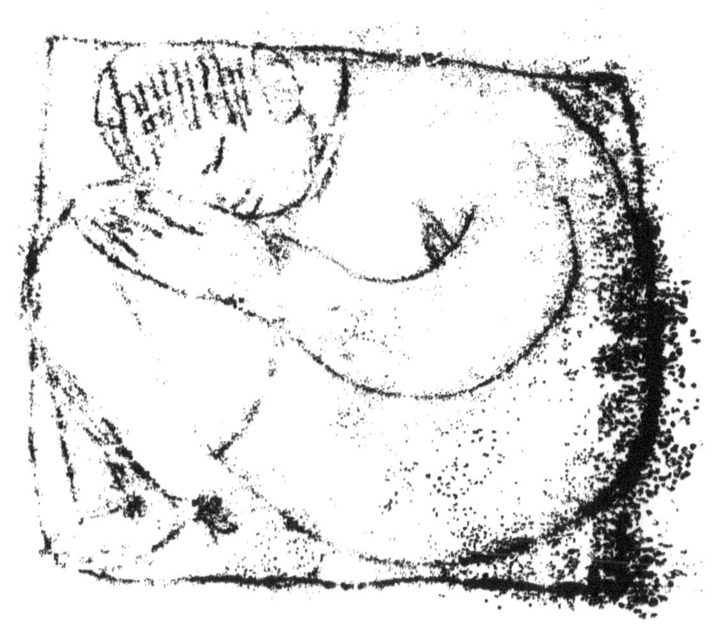

در بند لاک خویش

لاک،
لاکی سخت که می‌بایست مراقب‌ام می‌بود
اکنون بر دوش می‌کشم
هر روز بزرگ و بزرگ‌تر می‌شود
تا سنگینی‌اش
انحتای قامت‌ام را بیشتر کند
درد امان‌ام نمی‌دهد
هرگز آسایش نخواهم داشت.

زیر پوست سخت و زمخت
دختری بی سر پنهان است؛
او من‌ام

اسیر، خسته، غمگین، درمانده و پُر درد
ایکاش می‌دانستم؛
چرا در این دام اسیر شده‌ام؟

چیزهایی شاید بدانم،
اما آیا باید باورشان کنم؟
یا شاید تنها
اندوه فکر هستند و خیال؟

تاکتیک

گذاشت که باکره بماند
هوشمندانه! بدون مدرک
ردّ پا بعد از باران محو می‌شود

کسی نمی‌توانست

تهوع
تهوعی که برآمد درد بود را ببیند
اما هنوز بعد چهل سال
بر جان‌ام نشسته
و در تن‌ام خانه کرده.

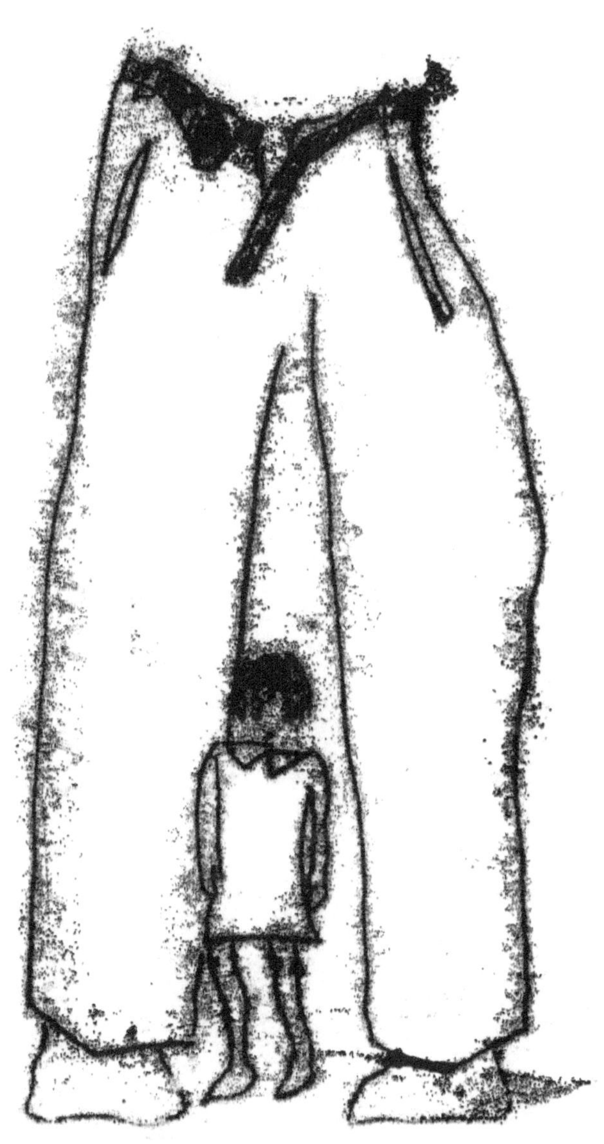

تجاوز جنسی

بازگرد؛
به حریم ممنوعه‌ها بازگرد
پاهای‌ام را چون دو توده‌ی ژله
احساس می‌کنم
که تاب تحمل مرا ندارند
دارند؟
دست‌ها، ناتوان و ضعیف
از کار افتاده
ضربان تند قلب
همه‌ی جانم به یاد دارد ...

ایستاده، به دیوار چسبیده
دو دست پُر زور
در اختیار داردش
بدون کلام
دو انگشت، بینی را فشار می‌دهد
برای نفس کشیدن
باید که دهان گشود
سرگیجه، سراسیمگی

چیزی تا ته گلویم را می‌فشارد
حالت استفراغ دارم
خفگی هم.

تا چشم‌اندازی دور فرار می‌کند
اینجا نیست دیگر

فاسق رهای‌اش می‌کند
هیچ چیز روی نداده

تا مدتها
باور داشت:
نه، هیچ چیز رُخ نداده

گویی تن به ناآگاهی دادن
برای سلامت عقل
لازم است،
لازم نیست؟

خدایا، کجا بودی؟

خدایا؛
آن گاه که آن همه پلشتی رُخ داد
                 کجا بودی؟
آن گاه که دخترکی بی گناه

بی پناه و ترس خورده
در گوشه‌ای تنها اسیر بود،
کجا بودی؟

بگو، کجا بودی؟

آن‌جا بودی؟

چرا مداخله نکردی؟

چرا دخترک را تنها آموختی
تا در تنهایی خویش
گذران عمر کند؟

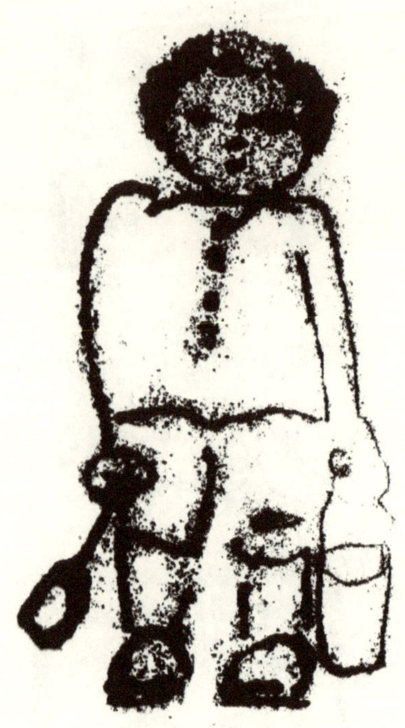

کودک

کودکی غرق مهر و عشق پیرامونیان
بی هیچ هراسی

چگونه دخترک می‌توانست بداند؟

چند سال باید بگذرد
تا او دریابد آن همه بی مهری را؟

و بعد
چه چیز بهبود خواهد یافت؟

می‌بینی مرا؟

می‌توانی ببینی‌ام؟
دخترک اندوهگین را می‌بینی؟
آنچه من بی کلام
فریاد می‌کنم را
می‌توانی بشنوی؟

حمایت از چه کسی؟

کودک خُرد را می‌بینی؟
می‌خواهی ببینی؟
حوصله دیدن داری؟

شاید چونان که می‌پنداری نباشد
شاید تنها خیال باشد
شاید زود تمام شود

شاید بهتر باشد که مداخله نکنی
شاید بهتر باشد که ندیده بگیری
شاید بهتر باشد که منتظر بمانی
بهتر - برای چه کسی؟

استراتژی

به‌گاه دشواری واقعیت
دخترک
به درون خویش
به سایه‌ی امن درون
پناه می‌برد

جایی که برایش کنترل امکان دارد.

با پناه جستن در سایه امن خویش
واقعیت جدیدی پدیدار می‌شود.

سرانجام هم باور می‌کند که:
واقعیت تلخ
حقیقت است.

دفاع و انکار

پستان‌ها کوچک
سفت و با طراوت
پستان‌هایی که انگار آفریده شده‌اند
تا اسیر دستان بزرگ مردانه باشند

این چنین
با تن خویش دشمن می‌شود
و نمی‌تواند
با ظاهر زنانه آشتی کند
پس دست به قیچی می‌برد ...

اگر تلخ‌یادهای‌اش فراموش شوند
آرامش خواهد یافت؟

خواب یا واقعیت؟

چه بد است خواب
جهان خواب را دوست ندارم
می‌خواهم بیدار شوم
هیچ چیز رخ نداده

حالم خوب است!
شادی اما گُم شد

حالم خوب است!
جان‌ام اما ناپدید شد

حالم خوب است!

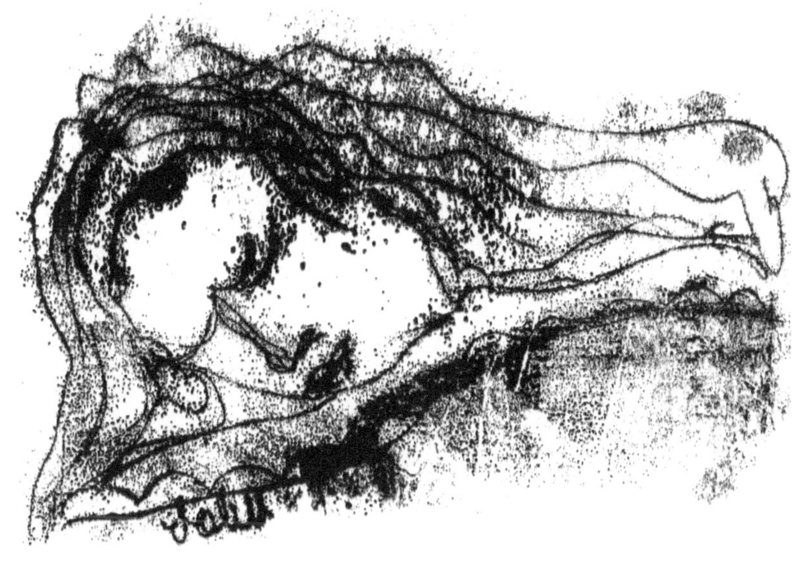

بی‌حسی

فعالیت ـ نوشداروی مؤثر

نیاز به احساس نیست

اندامم را کش می‌دهم

سخت می‌کوشم

فهرست کارها را هم بیشتر می‌کنم؛

کنترل کامل

از هر جهت

ناگهان داروی بی‌حسی

بی‌اثر می‌شود

دارویی که مؤثر بود

اکنون چه باید بکنم؟

صورتک

وانمود می‌کند که
لبخند بر لب دارد
و خنده.

نقاب همه را می‌فریبد
کنترل کامل است
تا زمانی که
ساعت از تیک‌تاک می‌افتد

نقاب فرو می‌افتد
چیزی نیست که پشت آن
پنهان‌اش کرد

بخش پذیری

سر فرار کرد
تن اما ماند.
هر حرکتی
در غلافی ذخیره می‌شود.

سر
زندگی خود را می‌کند؛
سر فرود می‌آورد
و می‌خندد
شادی‌ها را هم نمی‌شناسد
دستگاهی خودکار نصب شده
احساسات در حال فرار
عروسک خیمه شب بازی
نخ‌های بازی را
به فرمان دیگری می‌پیماید؛
هم با شگرد خوب
هم با مسئولیت وجدانی.

اندام
بدون تماس ارادی
همه چیز خیلی خوب است!

جایگزینی

جایگزینی -
راهی برای گذران زندگی
اما بدن
همه چیز را به یاد دارد
بدن دروغ نمی‌گوید

به زبان خود حرف می‌زند.

چون رشته‌هایی از خط
بر لوح حک می‌شود
بارها ضبط می‌شود؛
آنچه تلخ بود و رنج‌آور
آنچه حقیقت زندگی بود.

خمره‌ی قدیمی

چرا خمره‌ی زیرخاکی را
بیرون می‌اورند؟

نگاه کن،
چمن و گل‌ها
فرشی بافته‌اند و
همه چیز زیبا است
فردا را ببین!

چرا به آب‌های زیرزمینی
فکر می‌کند؟

مراقب باش

نتیجه‌گیری ناآگاهانه
آسان است

انسان
بی آن که چیزی بداند
باور می‌کند که
دانای کُل است

و حقیقت را می‌شناسد

چقدر آسان است
بی حقوق کردن
دیگرانی که فرودست هستند.

کوه یخ

گریه
هرگز نه اشکی داشت
نه صدایی

گریه کوه یخ شد

کسی زیر سطح اب
را نمی‌بیند

شب پاییزی

شب پاییزی
ماشین را
به زره‌پوش یخی
تبدیل می‌کند

خورشید که می‌درخشد
یخ‌ها آرام
آب می‌شوند

خورشید بیا
بیا و یخ مرا ذوب کن
نگذار
صبح‌ها
یخ‌ها را بسایم.

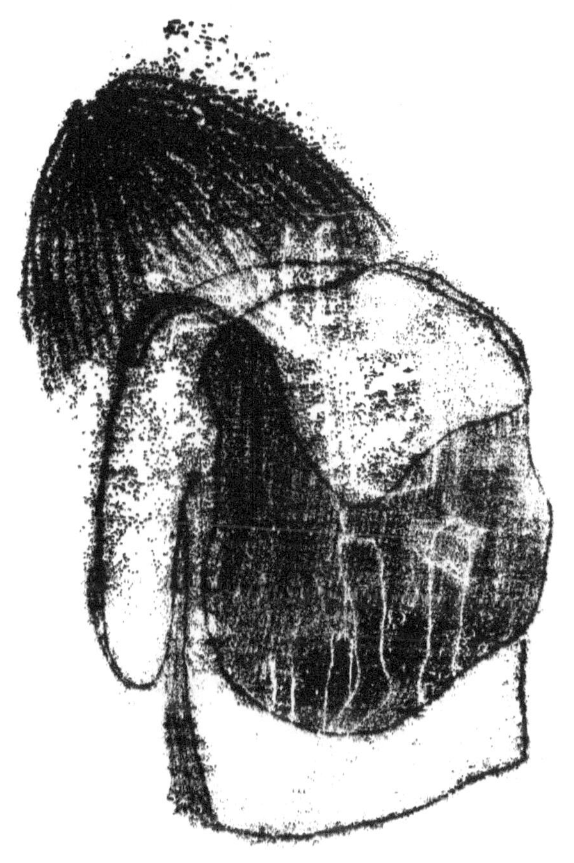

کوله پشتی

کسی نمی‌تواند
درون کوله را ببیند

سنگینی کوله را کسی
حس می‌کند
که بر دوش‌اش می‌کشد.

مرگ خلاقیت

سال پس سالی دیگر
می‌گذرد
زمان، پول و نیروی از دست رفته
به چرخه زندگی می‌آیند

اما،
نوبت او
برای زیستن
فرا نمی‌رسد
کی می‌رسد؟

افسردگی

آن‌گاه که همه چیز
در خاکستری موج می‌زند
آن‌گاه که دیگر نمای چشم‌انداز
دور و ناپدید می‌شود

آن‌گاه که جامه سنگین

بر تن حسبیده و

آویزان می‌شود

آن‌گاه که تونل

بی‌پایان می‌شود و سیاه

آن‌گاه که

کلام هم گم می‌شود

آن‌گاه که

حضور در جمع را

نمی‌پذیری

و در تاریکی تنهایی

جای خوش می‌کنی

آن‌گاه که دیگر خود بودن

و بازگشت به خویش

فراموش می‌شود

آن‌گاه؛

تنها باید در انتظار ماند.

ترس و اضطراب

دخترکِ هوشیار
زندگی پُر شور را
زندانی شیشه می‌کند
کنسرو شده
مانده در تاریکی زیرزمین

چونان بزرگترها
کلید را می‌یابد
به انبار می‌رود
به آرامی غبار از شیشه‌ها می‌روبد

درها آماس کرده‌اند

ناگهان
با فشاری شدید
به گوشه‌ی انبار پرت می‌شود
انبوه خاکستری اسپری
تاریکی و زوال
نمی‌داند چه رُخ می‌دهد و اسپری چیست

اکنون به سان
انفجار مهیب طبیعت
تخیل و اندیشه قفل می‌شوند
و از دید رس دور

ترس و اضطراب
ارادی‌اند و بی رحم
حالا،
فرار هم بی فایده است

ترس
شاید بداند
دخترک چه چیزی
در شیشه دارد

دختری خُرد از کجا بداند
کنسرو هم زمانی
برای ماندگاری و مصرف دارد؟

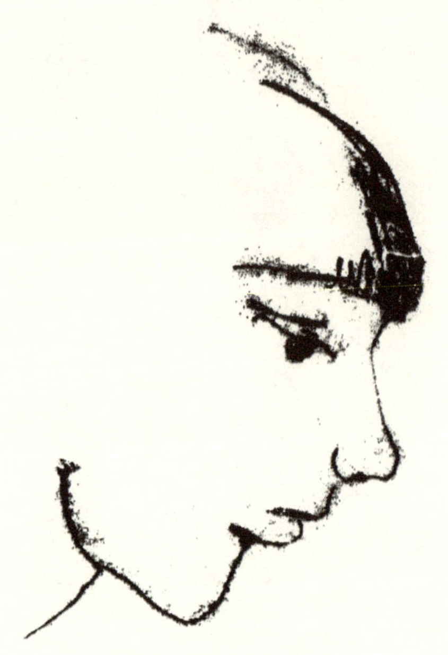

ضرورت

به من
جایی دهید
به من
زمان دهید
به من
فضا دهید
جایی، زمانی و فضایی
برای خودم
صمیمی شدن را
اندکی تحمل می‌کنم

از مقدار زیاد آن

تهوع دارم.

دیگر،

بیش از این

به من نزدیک نشوید

به من امکان ارزیابی و نظارت بدهید.

خواست من این است

درمی‌یابی این شرایط را؟

صمیمیت

دخترک شنیده که
صمیمیت
چیزی است با ارزش
بی خطر و خوب

آزمایش‌اش می‌کند
که اگر چنین است
پذیرای‌اش باشد.
تلاش او اما سنگی است بر یخ انگار

پرنده‌ی پر کنده
امکان پرواز ندارد.

ناپیدایی نشانه‌ها

مُسکن‌ها
سکته‌ی مغزی گذرا
روشی کارآمد برای
همین زمان و همین مکان

انفجار حس
انفجار احساس
پادزهر آنها را

مات می‌کند

روزی دخترک
قفلی بر یخچال خواهد زد
آن گاه می‌تواند لاغر شود
کامیاب هم؟

امروز اما او
ناگزیر به
پنهانی نشانه‌ها است.

دوست همزادم

درد
دوست همزاد من است
درد از سر تا نک انگشت پا
دردی
تسلای دردی دیگر است

دردی بی نام و نشان
یادگار دوران پیشین

اشک هم دیگر جاری نمی‌شود
اشک‌ها هم انگار
باید ذخیره می‌شدند
برای آنچه ناگزیری زمان است
گویی
دردها
در کیسه‌هایی سنگین و بزرگ
در بند هستند
دیگر نمی‌دانم کجای‌اند.

زندان

آونگ در زمین و آسمان
در بند دوزخ درد
بی مداوا

رها خواهم شد
روزی از دوزخ و درد؟

سقط جنین عدالت

دخترک محکوم به
درد ابدی است

کسی هم نمی‌تواند
حکم را نقض کند!

از کار افتادگی

لوکوموتیوی اسقاط
کنار ریل
پارک شده است.
روزی بی توقف
و به سختی در کار بوده.
کار فراوان
امکان سرویس را هم
دریغ کرده بوده است.

اکنون، از کار افتاده
و زیر توده‌ای
از زنگ آهن پنهان است.

قطارهای دیگر را ببین؛
براق و کارآمد
با تمام قدرت
با توان تحمل ساییدگی
به سرعت در کارند

این یکی اما
با آسیب‌های جبران‌ناپذیر
تنها و بی مسافر
در گوشه‌ای
در افسوس روزهای گذشته

به خویش می‌نگرد
که چه زود
کنار گذاشته شد.

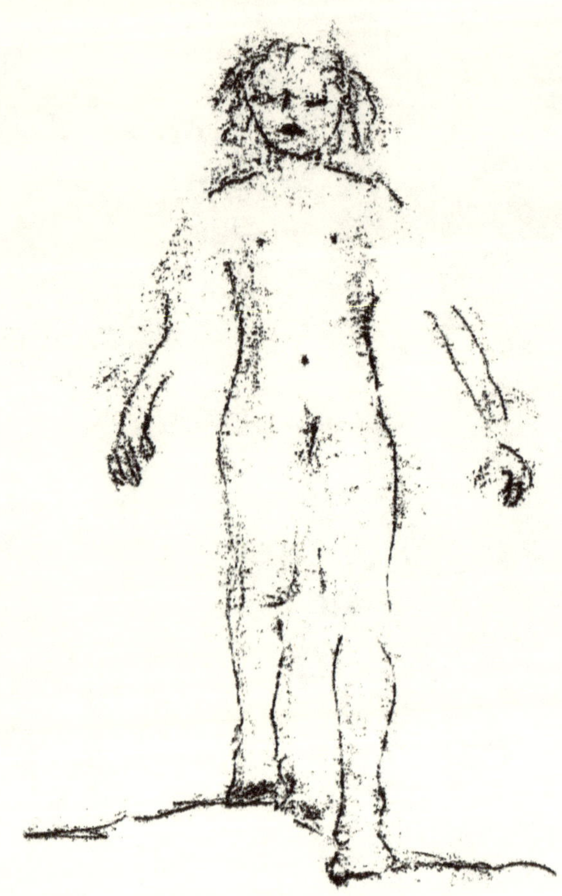

خسارت ناچیز

ایستاده
بر زمین لخت
با بدنی نا کارآمد
زیان و درد
ارزشمندند!

باور داشتم
که برای تسکین زخم‌هایم
چسب زخمی
دریافت خواهم کرد.

انگار پستچی مرده
و پست الکترونیکی هم
ناتوان برای تحویل بسته‌ها است.

نوشدارو بعد از ...

آن‌ها می‌گویند:
تقصیر ما نبود
می‌توان باورشان کرد؟

چرا خبر ندادیم؟
این همه رنج تا
بزرگسالی چرا؟

چرا ما این همه شبیه هستیم؟

بی تردید
این «ما» نیستیم
باید اشتباهی رُخ داده باشد.

توان از دست رفته

چه خوب است
داشتن ذخیره
آن گاه که انرژی
به پایان می‌رسد
انباری در زیرزمین
با هیزم و
دیگر لوازم لازم

قفسه‌ها خالی می‌شوند
رف‌های چوبی
لخت و بی چیز می‌مانند
به زودی هم

برای سوخت
مصرف می‌شوند

دخترک
نومیدانه
نقش کاشی‌های دیوار را می‌کَنَد.

دیدار نهادهای حمایتی

روزی
خودآزاری بی هویت
گامی به سوی
خویشان خویش بر می‌دارد

شناخت بسیار
خنده بسیار
اشک بسیار

انرژی بسیار
امید هم بسیار

انگار کلید اتصال
اشتباه بود و
مسؤلیت‌های پنهان
افشا شدند.

اکنون ما
با این همه امکانات
لبه پرتگاه ایستاده‌ایم.

اندوه

اندوه را
اندازه‌گیری ناممکن است
تنها «تو» مقدار آن را می‌دانی
تنها «تو» می‌دانی
چه سنگین است
آنچه بر دوش داری

غمگین بودن کنشی است
نیازمند زمان
نیازمند مکان

در چشم‌انداز اندوه
هیچ میان‌بُری

یافت نمی‌شود

روزی
این گُدار تنگ و تاریک
تو را به سوی نور
هدایت می‌کند

آن‌گاه که ماه فرو بنشیند
دیگر بار
اشعه‌ی گرم خورشید را
احساس خواهی کرد.

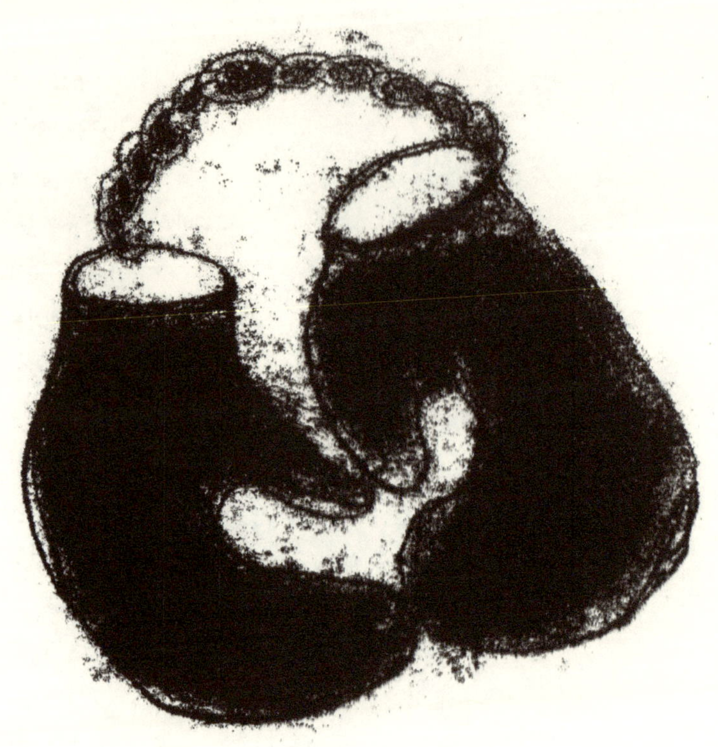

شناخت

از درون‌ام
شناختی شکل می‌گیرد
امکانی برای جلوگیری‌اش نداشتم
نتوانستم آسیب‌ها را مانع شوم
اینجا
محدودیت‌هایی وجود دارد
که اندوه و شرمی زشت
را به زندگی‌ام می‌آورند.

به باورم
آنچه دیگران می‌توانند
یا می‌خواهند
من هم خواهم توانست
اما
توان‌ام چنان کم است که
به قد و قواره‌ی خواسته‌ها نمی‌رسد
دست از تلاش بر نمی‌دارم
باید در اوج باشم
چنان خود را کش می‌آورم
تا از هر سوراخی بگذرم
می‌خواهم، تن و جان بیاموزند که
قانون دشوار جسمی
مصداق من هم هست.
اشتباه این بود که
او مدام خود را با دیگران
دیگرانی که بچه‌گی کرده بودند
امنیت را حس کرده بودند و
احترام را فهمیده بودند
مقایسه می‌کرد
مقایسه‌ای که گرهی بود
در کلاف نخ

تفاوت
اجتناب ناپذیر است!
چپاول پیامدهای بزرگی دارد

باید بیاموزم؛
تلاش کنم که
حد و مرز خود را بیاموزم
باید چنان کنم
که با شرایط جسمی‌ام
هم‌سو باشد
باید محدودیت‌های‌ام را
بدون هیچ شرمی
پذیرا باشم
انتظار از خودم را بکاهم
به خودم فرصت اندیشه بدهم
در این صورت
الزام‌ها کمتر می‌شوند
اکنون که خستگی فرا رسیده
مسئولیت بیشتری دارم.

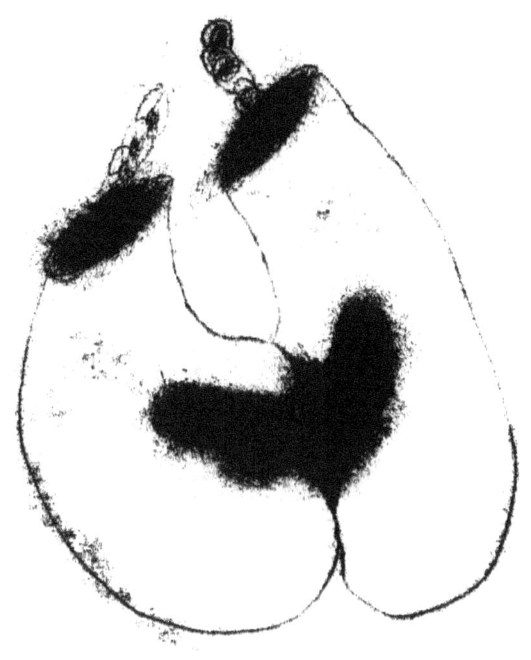

درمان و مداوای عادت‌ها؛
عادت‌هایی که الگوی من بودند
و تأثیرگذار بر رفتار و اندیشه‌ام،
در احساس‌ام، دردهای‌ام
بدن‌ام و روح و روان‌ام
خانه کرده بودند.
این همه به زمان، شکیبایی
و زمینی هموار نیازمند است.
گاه احساس می‌کنم که
زیر سنگینی این همه بار
گردن‌ام خُرد می‌شود.

در، هنوز بر همان پاشنه می‌چرخد.
محدودیت‌ها بر جای‌اند
از اکنون اما من
راه را آزادانه
بر خواهم گزید.
قربانیان به گور سپرده می‌شوند
من اما
قربانی نخواهم بود.
در حال آموختن
باید بنای یادگاری بر پا شود
می‌دانم که باید
گاه نگاهی به آن بیندازم:
رفتارم مانند
دیگرانی با زندگی متوسط نیست؛
اندوه‌ناک است اما حقیقت دارد

اکنون در رقابتی تازه
قرار دارم:
در این رقابت
«من حقیقی و خالص» سرانجام
فرصتی می‌یابد
تا «من»ی باشد که من هستم
و واقعیت را
بروز دهد
دیگر نمی‌خواهم
تنها، روایت‌گر

کامیابی‌های دیگران باشم.

سلیقه‌ها
اخلاق
رفتار
و گفتار
با هم تفاوت دارند
در صفی خواهم ایستاد
که مناسب من است!

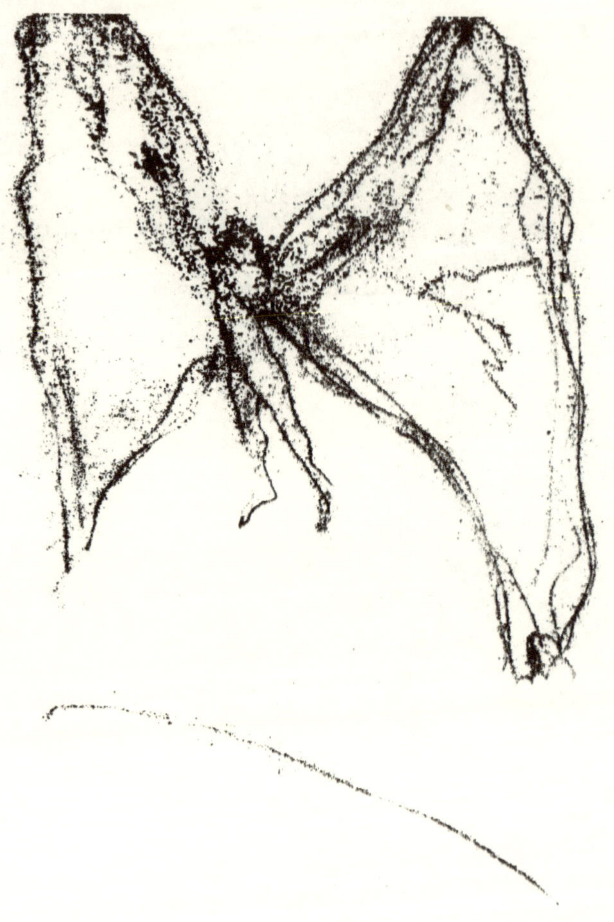

امید

چیزی چون زالو
آفرینش خاکستری و عریان -
بر پستانی جا خوش کرده

دگردیسی زمان

روزی
او بر بال‌های شفاف و نرم
پرواز خواهد کرد
و تیراژه‌ای از رنگ را
به تماشا خواهد نشست.